辽宁省属本科高校基本科研业务费专项资金资助

# 面向回收定价的闭环供应链回收渠道选择研究

吴志丹　黄　敏　著

机 械 工 业 出 版 社

绿色与可持续发展已经成为全球共识. 实施闭环供应链管理是建立健全绿色循环经济体系、解决制造企业资源瓶颈的一条重要途径，助力实现“碳达峰”和“碳中和”的战略目标.

本书从回收工业的实际出发,在回收定价的背景下展开闭环供应链的管理研究，聚焦闭环供应链管理过程中的关键问题. 具体包括定价决策、回收渠道选择、渠道权力结构、系统绩效水平和契约协调机制设计等，同时将竞争偏好行为引入闭环供应链的管理研究，拓宽了闭环供应链回收渠道选择研究的视角，完善了闭环供应链的决策模型和闭环供应链协调机制的设计. 本书的相关研究成果能够为企业提高闭环供应链的运作效率提供理论支持，为政府制定相关政策、引导经济可持续发展提供参考.

本书适合有一定基础、想要进阶学习供应链管理的读者，同时也可以作为本科生、研究生以及相关科研工作者、企业管理者和政府决策者的参考用书.

**图书在版编目（CIP）数据**

面向回收定价的闭环供应链回收渠道选择研究 / 吴志丹，黄敏著. -- 北京 : 机械工业出版社，2025. 4.
ISBN 978-7-111-78185-1

Ⅰ. F252.1

中国国家版本馆CIP数据核字第20250AE977号

机械工业出版社（北京市百万庄大街22号　邮政编码100037）
策划编辑：汤　嘉　　　责任编辑：汤　嘉　张金奎
责任校对：樊钟英　丁梦卓　　封面设计：张　静
责任印制：张　博
固安县铭成印刷有限公司印刷
2025年6月第1版第1次印刷
169mm × 239mm · 7.75印张 · 133千字
标准书号：ISBN 978-7-111-78185-1
定价：49.00 元

电话服务　　　　　　　　网络服务
客服电话：010-88361066　　机　工　官　网：www.cmpbook.com
010-88379833　　机　工　官　博：weibo.com/cmp1952
010-68326294　　金　书　网：www.golden-book.com
封底无防伪标均为盗版　　机工教育服务网：www.cmpedu.com

# 前 言

随着经济社会和信息技术的快速发展，废弃产品的数量十分惊人．迫于环境保护的压力和产品回收利润的驱使，众多企业推行闭环供应链管理战略．闭环供应链管理在提高企业的经济效益和竞争优势的同时也为社会的可持续发展提供了新途径．在闭环供应链管理中，回收渠道管理是一项非常重要的工作，对整个系统的运行效率具有决定性的作用．因此，深入研究闭环供应链回收渠道选择问题具有重要的理论及实践价值．

以往有关闭环供应链回收渠道的选择研究大都假设废旧产品的回收价格为固定的常数，并且基于决策者理性的假设进行分析，而现实中废旧产品的回收价格往往需要由回收方进行定价决策，并且决策者往往具有竞争偏好行为．因此，本书在回收定价的背景下展开闭环供应链回收渠道结构的选择研究，并且将制造商和零售商的竞争偏好行为引入回收渠道的管理研究．本书构建了回收定价背景下制造商主导和零售商主导的闭环供应链回收渠道选择模型，考虑了 3 种单回收渠道结构，即制造商回收渠道、零售商回收渠道和第三方回收渠道，并运用博弈论和数学优化方法进行定量分析，拓展了闭环供应链的研究领域，为企业决策提供更可靠的理论支持和依据．本书的主要内容包括：

（1）研究了回收定价背景下无竞争偏好行为时，制造商主导的闭环供应链回收渠道的选择．首先，在制造商主导的闭环供应链针对制造商回收渠道、零售商回收渠道和第三方回收渠道分别建立数学模型．然后，运用博弈论和数学优化方法获得模型的最优解．接着，运用比较分析法对制造商主导模式下的 3 种回收渠道进行比较．最后，针对最优的回收渠道结构进行协调机制的设计．

研究表明，在回收定价的背景下制造商回收渠道最有效，与回收价格为固定常数情形下的最优回收渠道不同；作为主导者的制造商通过二部制契约能够实现回收定价背景下闭环供应链的协调，使得系统效率达到集中决策时的最优水平．

（2）研究了回收定价背景下无竞争偏好行为时，零售商主导的闭环供应链回收渠道的选择．首先，在零售商主导的闭环供应链中针对制造商回收渠道、零售商回收渠道和第三方回收渠道分别建立数学模型. 然后，运用博弈论和数学优化方法获得模型的最优解. 而后，运用比较分析法对零售商主导模式下的 3 种回收渠道进行比较. 接着，针对最优的回收渠道结构进行协调机制的设计. 最后，进行拓展研究，对同一种回收渠道结构下的两种主导模式进行比较，并分析制造商和零售商对主导权与回收权的权衡.

研究表明，在回收定价的背景下零售商主导的闭环供应链中制造商回收渠道最有效；二部制契约能够实现零售商主导的闭环供应链的协调，使得系统效率达到集中决策的最优水平；对于闭环供应链系统而言，回收渠道结构比主导模式更重要，制造商回收渠道结构使得系统效率达到最优；对于制造商和零售商而言，在某些情形下回收权甚至比主导权更重要.

（3）研究了回收定价背景下制造商主导且零售商竞争偏好时，闭环供应链回收渠道的选择. 首先，在制造商主导且零售商竞争偏好的闭环供应链中针对制造商回收渠道、零售商回收渠道和第三方回收渠道分别建立制造商考虑和不考虑零售商竞争偏好行为两种情形的数学模型. 然后，运用博弈论和数学优化方法得出制造商考虑和不考虑零售商竞争偏好行为两种情形下，3 种回收渠道中闭环供应链的均衡决策和绩效水平. 接着，分析制造商能否忽视零售商的竞争偏好行为，分析竞争偏好行为的本质，分析竞争偏好行为对定价决策、系统绩效的影响，分析零售商具有竞争偏好行为时，闭环供应链最有效的回收渠道结构. 最后，对 3 种回收渠道下的闭环供应链系统进行协调机制设计，并分析契约协调下零售商具有竞争偏好行为时制造商的回收渠道选择.

研究表明，零售商的竞争偏好对闭环供应链系统的均衡决策以及渠道利润的分配产生重要影响；零售商的竞争偏好行为不容忽视；具有竞争偏好行为的零售商在渠道利润分配中“得寸进尺”；当零售商具有竞争偏好行为时，制造商回收渠道最有效；“收入-费用”共享契约能够实现零售商具有竞争偏好行为的闭环供应链的协调，使得系统的效率达到集中决策时的最优水平；零售商的竞争偏好程度以及正逆向渠道利润的比率共同决定契约协调下最优的回收渠道选择.

（4）研究了回收定价背景下零售商主导且制造商竞争偏好时，闭环供应链回收渠道的选择. 首先，在零售商主导的闭环供应链中针对制造商回收渠道、零售商回收渠道和第三方回收渠道分别建立数学模型. 然后，运用博弈论和数学优化方法得出模型的最优解. 而后，分析制造商的竞争偏好对系统的定价决策和效率的影响，讨论制造商具有竞争偏好行为时，闭环供应链最有效的回收渠道结构. 接着，针对最有效的回收渠道结构探讨涉及制造商竞争偏好行为的闭环供应链协调机制的设计. 最后，进行拓展研究，探讨制造商的竞争偏好行为对不同主导模式下闭环供应链绩效的影响.

研究表明，制造商的竞争偏好会对闭环供应链系统的均衡定价决策以及渠道利润的分配产生重要影响；制造商的竞争偏好行为没有改变零售商主导的闭环供应链最有效的回收渠道；二部制契约能够实现制造商竞争偏好且零售商主导的闭环供应链的协调，使得系统效率达到集中决策时的最优水平；协调契约是零售商应对制造商竞争偏好行为的有效手段；我们通过拓展分析发现，具有竞争偏好行为的决策主体不适合作为闭环供应链的主导者，为后续涉及竞争偏好行为的闭环供应链研究奠定基础.

本书的撰写从许多国内外学者的研究中汲取了营养，在此向相关学者们表示感谢和致敬；本书的出版得到机械工业出版社领导和编辑的大力支持，在此一并表示感谢.

由于作者水平有限，书中难免会有一些疏漏和不妥之处，敬请指教.

吴志丹

**2024 年 10 月**

# 目 录

# 第1章 引 言

## 1.1 研究背景

### 1.1.1 现实背景

（1）废旧产品引发的生态环境污染引发全球关注.

随着经济社会的迅速发展，废旧产品数量增长的速度十分惊人[1][2]. 《自然》杂志曾报道，在过去的一百年里，世界人口的数量不断增长，社会财富不断增长，但随之产生的废弃物也增长为原来的 10 倍. 到 2025 年这个数量可能再增加 1 倍. 其中，废弃的电器电子设备比总废弃物的增长速度还要快上 3 倍，被公认为全球增长速度最快的污染源之一[3]. 废旧产品若处理不当将会严重地污染土壤、水和空气[4]. 废旧产品引发的环境污染和资源过度消耗问题得到了全球范围的重视和关注.

（2）法律法规要求企业对废弃产品进行回收再制造.

面对日益严峻的生态环境污染和资源紧张问题，各个国家和地区开始制定法律法规条例以及激励政策，要求企业回收废旧和废弃产品循环再利用. 2009 年我国颁布《中华人民共和国循环经济促进法》，要求企业采取相应措施，降低资源消耗，提升废物的再利用率. 2015 年国务院印发《中国制造 2025》，要求企业提升废弃电器电子产品、废旧金属、工业固体废弃物的资源化水平，全面推行循环生产方式，大力发展再制造产业.

（3）实施闭环供应链管理战略是发展循环经济的有力抓手.

在环境保护和法律法规的双重压力之下，闭环供应链（Closed-Loop Supply Chain，CLSC）成为工业界和学术界关注的热点. 闭环供应链整合了正向和逆向供应链，其管理的重点是收集客户使用过的产品，并通过再利用回收剩余的附加值[5][6][7]. 事实上，废旧产品给环境带来危害的同时，也蕴含着巨大的经济价值[4]. 有研究表明，企业通过旧产品回收再制造策略，可以节省 40%~65%的成本，避免了资源的浪费[8]. 实施闭环供应链管理已经成为构建循环经济的一条重要路径.

(4) 回收渠道的建立是闭环供应链管理的关键.

在闭环供应链的运营过程中，有效的回收渠道的建立对于闭环供应链管理至关重要[9]，它关系到整个闭环供应链的运作效率和决策主体的利益[10]. 2011 年 10 月，国务院办公厅印发了《安全生产“十二五”规划》，并部署完备的废旧产品回收体系，要求建设标准化的居民废旧产品回收网络，疏通企业回收边角余料和大宗废旧产品的渠道，重点强化废弃节能灯、废弃轮胎、废弃电器电子产品、报废汽车等废弃产品的回收. 已成为全球最大电信设备厂商及第二大手机制造商的华为，在全球建立起完善的回收体系. 对于生产企业而言，回收渠道的选择和建立关乎着企业利益的得失，关乎着闭环供应链管理战略的成败.

### 1.1.2 理论背景

(1) 闭环供应链回收渠道选择的研究成果日渐丰硕.

国内外的专家对闭环供应链回收渠道选择问题进行了大量研究，已经取得了丰富的成果. 这些研究成果为回收渠道的选择提供了理论和方法，但值得注意的是，多数的研究建立在回收价格为固定常数的假设之上. 其中，最具代表性的研究是由 Savaskan 等人[11]基于废旧产品的回收价格为一个固定常数的假设，得出“零售商回收渠道最有效”这一经典结论. 然而，在回收工业中废旧产品的回收价格并不总是一个固定的常数. 例如，手机、电脑、汽车等具有较高残值的废旧电器电子产品，其回收价格往往不再是固定的常数，而是需要由回收方根据废旧产品的回收市场进行定价决策. 本书在回收定价的背景之下，展开闭环供应链回收渠道选择的研究，进一步拓展回收渠道选择研究的范畴，丰富回收渠道选择研究的成果.

(2) 基于行为的闭环供应链研究成为研究的新热点.

行为经济学的实验研究表明，人们在利益分配上并非完全理性而是具有社会偏好的，如竞争偏好，社会福利偏好，公平偏好，互惠偏好等[12][13][14][15]. 若在闭环供应链的研究中，对决策者的行为因素没有给予足够的重视，势必会造成理论结果与实际决策存在偏差. 这些存在于现实之中的各种各样的行为偏好为供应链的研究带来新的着眼点，吸引了众多学者的兴趣，因此，基于行为的闭环供应链研究成为当下研究的新热点. 在多种行为偏好中，竞争偏好（Competitive Preference）属于利润分配偏好一类[12]，它是由地位追求引起的一种行为偏好[15]. 这种偏好行为普遍存在于闭环供应链的决策之中，却很容易被忽视. 本书将决策主体的竞争偏好行为引入闭环供应链，通过构建数学模型的方法探索竞争偏好行为的本质，分析竞争偏好对闭环供应链的定价决策、渠道利润分配、绩效水平、主导模式、回收渠道选择和契约协调等的影响. 本书的研究成果将丰富闭环供应链管理的研究内容，为实施闭环供应链管理战略的企业决策提供理论支持和依据，为政府制定政策提供参考.

## 1.2 研究目的和意义

### 1.2.1 研究目的

在实际的回收工业中废旧产品的回收价格并不总是一个固定的常数，往往需要由回收方根据废旧产品的剩余价值以及市场行情做出定价决策. 譬如，一些诸如电脑、汽车等具有较高残值的废旧产品，其回收价格需要由回收方进行定价决策. 再如，美国电子产品回收公司 EcoATM 研发了一种自助回收机，用于手机、MP3 和平板电脑等废弃电子产品的回收. 这种自助回收机能够对废弃电子产品进行实时的价值评估. 然而，已有的闭环供应链回收渠道选择研究大都基于废旧产品的回收价格为固定常数的假设而展开. 因此，在回收定价背景下展开闭环供应链回收渠道选择研究非常必要，相关的研究成果将为闭环系统回收渠道管理提供有力的支持和依据，具有十分重要的现实意义.

此外，供应链的成员在利益分配上并非完全理性而是具有社会偏好的，这一现象已经得到行为经济学研究的证实. 竞争偏好属于利润分配偏好一类[12]，是由地位追求引起的一种行为偏好[15]. 同处于供应链系统之中的制造商和零售商在合作的过程中，常常因渠道利润的分配表现出竞争偏好行为. 例如，大型零售商沃尔玛在与制造商谈判的过程中要求“高质量，低价格”，试图获得更多的渠道利润，这是竞争偏好行为的典型表现. 再如，中国电器零售巨头国美在与制造商格力的合作中就体现出了竞争偏好行为. 在 2004 年因国美电器未经授权降低空调价格，格力电器从国美的全国门店撤离，这一事件曾轰动一时. 制造商与零售商合作的过程中常常会表现出竞争偏好行为，这种偏好行为普遍存在于闭环供应链的决策之中，却很容易被忽视. 若对竞争偏好行为没有给予足够的重视，势必会造成理论结果与实际决策存在偏差，对整个系统效率及成员的利润产生不利影响. 因此，将竞争偏好行为引入闭环供应链的管理研究非常重要.

本书从回收工业的实际出发，在废旧产品的回收价格由回收方定价的背景下展开闭环供应链回收渠道选择的研究. 将决策主体的竞争偏好行为引入闭环供应链；运用数学的手段和方法，揭示竞争偏好行为的本质；通过数学模型的建立及求解，分析竞争偏好对闭环供应链的定价决策、绩效水平、利润分配以及回收渠道选择的影响，判断具有竞争偏好行为的决策主体是否适合做闭环供应链的主导者，探索考虑竞争偏好行为时，闭环供应链的协调机制的设计.

### 1.2.2 研究意义

（1）理论意义

1）丰富闭环供应链回收渠道选择研究的视角. 已有关于闭环供应链回收渠道选择的研究，多数是基于废旧产品的回收价格为一个固定的常数的假设展开. 本研究基于对回收工业的实际考察，在废旧产品的回收价格由回收决策的背景下展开闭环供应链回收渠道选择的研究，丰富了闭环供应链渠道选择研究的范畴.

2）拓展闭环供应链的决策模型. 本研究将决策主体的竞争偏好效用函数引入闭环供应链决策模型，使理论模型更贴近于实际的决策情境.

3）揭示竞争偏好行为的本质. 通过对模型的求解和分析，从数学上揭示了具有竞争偏好行为的决策主体如同“把鼻子伸到帐篷底下的骆驼”“得寸进尺”地争夺主导地位. 这一研究结论揭示了竞争偏好行为的内涵，具有一定的理论价值.

4）完善闭环供应链协调机制的内容. 探索涉及竞争偏好行为的闭环供应链协调机制的设计，完善闭环供应链协调理论的研究框架，充实和丰富闭环供应链协调契约的理论.

（2）实践意义

1）本书从回收工业的实践出发，基于在实际的回收工业中废旧产品的回收价格并不总是一个固定常数的事实展开研究. 事实上，废旧产品的回收价格往往需要由回收方做出定价决策. 本书从废旧产品回收的实际出发，结合真实的市场运行环境，展开闭环供应链的研究，其研究结果具有针对性的实践指导意义. 同时，本书为政府制定相关政策引导经济的可持续发展提供参考.

2）本书将普遍存在于供应链决策中的竞争偏好行为纳入闭环供应链的管理

研究，针对闭环供应链管理中的关键问题，具体包括定价决策、回收渠道的选择和协调机制的设计等展开研究，研究结果能够为企业的闭环供应链管理提供可靠的理论支持，提高闭环供应链的运作效率.

## 1.3 研究思路、研究方法和研究内容

### 1.3.1 研究思路

针对上述闭环供应链回收渠道选择研究的不足，本书在回收定价的背景下展开闭环供应链回收渠道选择的研究. 具体研究思路如下：首先，在充分查阅和梳理国内外有关文献的基础上，对闭环供应链回收渠道选择问题进行综述和分析，形成对已有相关研究的科学认识. 其次，在决策主体不具有竞争偏好的情景下，分别对制造商主导和零售商主导的闭环供应链系统建立数学模型，从多种视角对两种主导模式下的结果进行比较，分析同一种回收渠道下何种主导模式最优，分析不同主导模式下最优的回收渠道结构，分别分析了系统、制造商和零售商对回收渠道与主导模式的权衡. 随后，引入制造商和零售商的竞争偏好行为. 在由制造商主导的闭环供应链中，分析零售商的竞争偏好行为对闭环系统的定价、渠道利润的分配、绩效水平、回收渠道选择以及契约协调的影响. 接下来，在由零售商主导的闭环供应链中，分析制造商的竞争偏好行为对闭环系统的定价、回收渠道选择、绩效水平和契约协调的影响. 而后，在拓展研究中对不同主导模式下竞争偏好的闭环供应链的绩效水平进行分析，发现具有竞争偏好行为的决策主体不适合作为闭环供应链的主导者. 最后，对全文的研究工作进行回顾总结.

### 1.3.2 研究方法

本书综合运用了文献分析法、数学建模法、最优化方法、仿真分析法，联合采用了理论分析和数值实验、定性分析与定量研究等方法. 首先，运用文献分析法，对国内外有关闭环供应链管理的文献资料进行梳理，形成对已有相关研究的科学认识，发现现有研究的局限性，提出待解决的研究问题. 其次，是数学建模法，通过运用数学的优化方法和博弈论建立数学模型并求解，对结果进行定性分析，给出研究问题的解析解. 然后，运用比较研究法，对不同情景下的模型结果进行比较，探索回收渠道结构的选择，分析竞争偏好行为的本质及其对

回收定价、利润分配、协调契约和回收渠道选择的影响. 最后，采用数值实验研究法，对结论进行仿真分析，验证结论的有效性. 本书的研究方法和框架，如图 1.1所示.

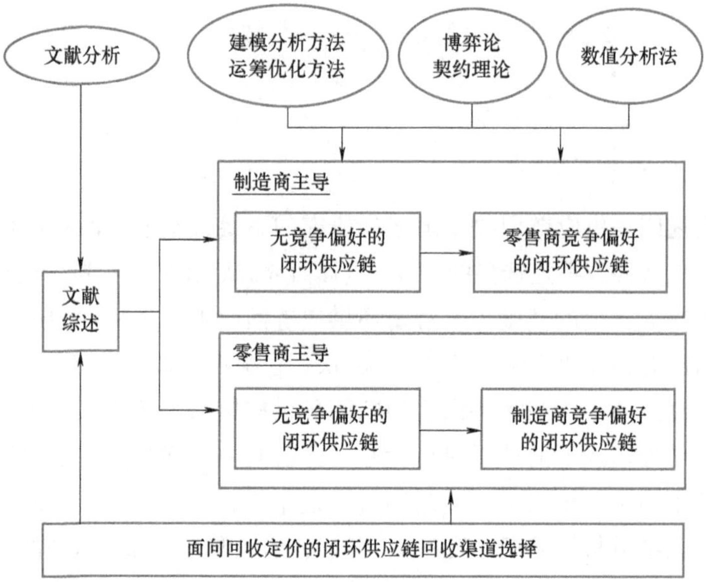


图 1.1　研究框架

### 1.3.3　研究内容

本书在回收定价的背景下展开闭环供应链回收渠道选择的研究. 在闭环供应链中最重要且最常见的主导模式是制造商主导和零售商主导两大类. 本书针对制造商主导和零售商主导两类闭环供应链展开回收渠道选择的研究. 主要研究内容如下：

第 1 章描述了本研究的背景、目的及意义，研究的思路、方法和内容以及主要的创新点.

第 2 章描述了相关理论基础，并从定价、主导模式、契约协调和回收渠道选择 4 个方面对闭环供应链研究进行综述，指出已有研究的局限，聚焦本书的研究内容.

第 3 章研究了回收定价背景下无竞争偏好行为时制造商主导的闭环供应链回收渠道的选择. 首先，在由制造商主导的闭环供应链针对制造商回收渠道、零售商回收渠道和第三方回收渠道分别建立数学模型. 然后，运用博弈论和数学优化方法获得模型的最优解. 接着，运用比较分析法对制造商主导模式下的 3 种回收渠道进行比较. 最后，针对最优的回收渠道结构进行协调机制的设计.

第 4 章研究了回收定价背景下无竞争偏好行为时，零售商主导的闭环供应链回收渠道的选择. 首先，在零售商主导的闭环供应链中针对制造商回收渠道、零售商回收渠道和第三方回收渠道分别建立数学模型. 然后，运用博弈论和数学优化方法获得模型的最优解. 而后，运用比较分析法对零售商主导模式下的 3 种回收渠道进行比较. 接着，针对最优的回收渠道结构进行协调机制的设计. 最后，进行拓展研究，对同一种回收渠道结构下的两种主导模式进行比较，并分析制造商和零售商对主导权力与回收权力的权衡.

第 5 章研究了回收定价背景下，制造商主导且零售商竞争偏好的闭环供应链回收渠道的选择. 首先，在由制造商主导且零售商竞争偏好的闭环供应链中针对 3 种回收渠道结构，即制造商回收渠道、零售商回收渠道和第三方回收渠道分别建立制造商考虑和不考虑零售商竞争偏好行为两种情形的数学模型. 然后，运用博弈论和数学优化方法得出制造商考虑和不考虑零售商竞争偏好行为两种情形下 3 种回收渠道中闭环供应链的均衡决策和绩效水平. 接着，分析制造商能否忽视零售商的竞争偏好行为，分析竞争偏好行为的本质，分析竞争偏好行为对闭环系统的定价及绩效的影响，分析零售商具有竞争偏好行为时，闭环供应链最有效的回收渠道结构. 最后，对 3 种回收渠道下的闭环供应链进行协调机制的设计，并分析契约协调下零售商具有竞争偏好行为时制造商回收渠道的选择.

第 6 章研究了回收定价背景下零售商主导且制造商竞争偏好的闭环供应链回收渠道的选择. 首先，在零售商主导的闭环供应链中针对制造商回收渠道、零售商回收渠道和第三方回收渠道分别建立数学模型. 然后，运用博弈论和数学优化方法得出模型的最优解. 而后，分析制造商的竞争偏好对闭环系统的定价决策及绩效的影响，讨论制造商具有竞争偏好行为时闭环供应链最有效的回收渠道结构. 接着，针对最有效的回收渠道结构探讨涉及制造商竞争偏好行为的闭环供应链协调机制的设计. 最后，进行拓展研究，探讨制造商的竞争偏好行为对不同主导模式下闭环供应链决策及绩效的影响，发现具有竞争偏好的决策主体不适合作为闭环供应链的主导者，为后续涉及竞争偏好行为的闭环供应链研究奠定基础.

第 7 章总结全文的研究工作，并提出未来的研究方向.

本书主要内容及章节之间的关系，如图 1.2 所示.

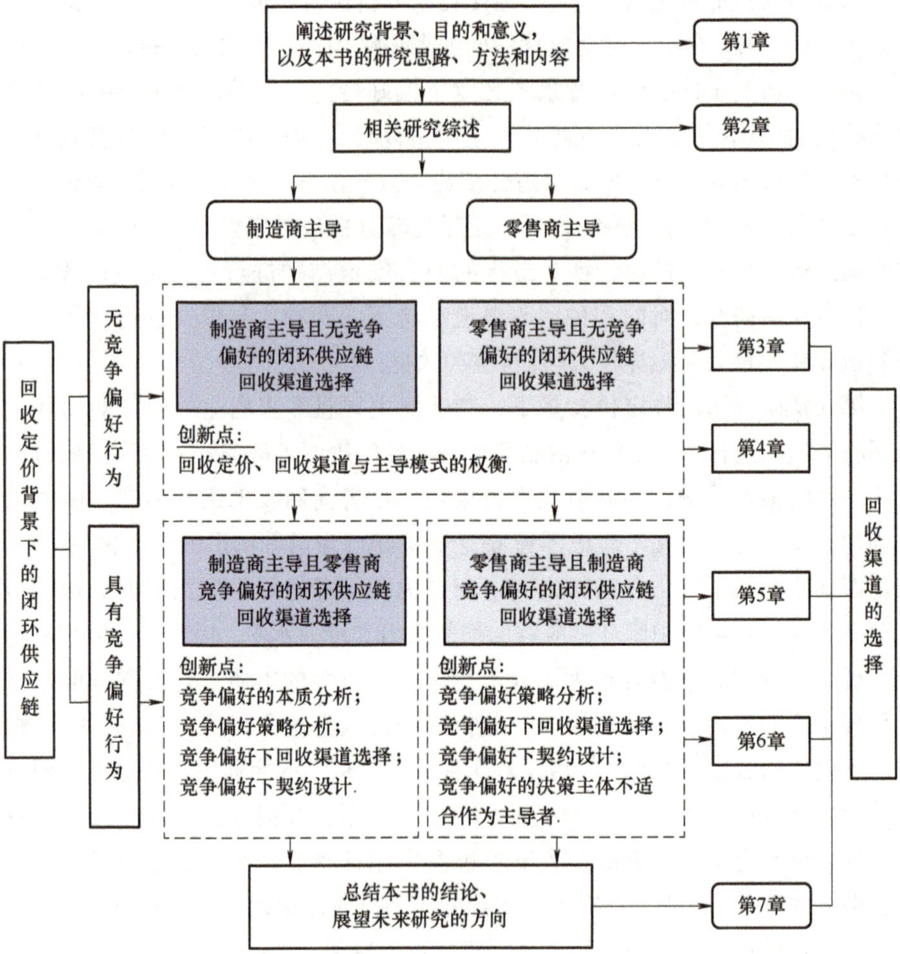


图 1.2　主要研究内容之间的关系

## 1.4　主要创新点

本书主要讨论闭环供应链回收渠道的选择问题. 主要贡献在于基于回收工业的实际，在回收定价的背景下展开闭环供应链的研究，同时将决策主体的竞争偏好行为引入闭环供应链回收渠道选择的研究.

本书的主要创新可以凝练为以下几点：

(1) 突破以往研究废旧产品的回收价格为一个固定常数的假设，在回收定价的背景下展开闭环供应链回收渠道选择的研究，使研究结果更贴近回收工业的实际情景；但现实的回收工业情况十分复杂，废旧产品的回收价格会受到众多因素的影响，为了克服这一研究难点，需将废旧产品的回收价格交由回收方根据市场来进行定价决策；研究得到了若干与传统模型不同的结论，发现在回收定价的背景下，无论闭环供应链由制造商主导还是零售商主导，制造商回收渠道总是最好的选择，为政府制定激励政策促进制造商回收渠道结构的闭环供应链发展提供依据.

（2）揭示了闭环供应链中回收渠道与主导权的权衡. 尽管制造商在闭环供应链中占据重要地位，但实际上零售商主导的闭环供应链绩效水平并不比制造商主导的差，这一发现再次为闭环供应链的主导权向下游转移提供了科学依据；对闭环系统而言，回收渠道结构比主导模式更重要，这一结论指出提升闭环供应链运作效率的关键.

（3）为避免对普遍存在于闭环供应链决策之中，对竞争偏好行为的忽视而造成理论结果与实际决策的偏差，进而对整个系统效率及成员的利润产生不利影响，引入了决策者的竞争偏好行为；从数学的角度揭示竞争偏好的本质；发现具有竞争偏好的决策者不适合作为闭环供应链的主导者，这一结论对于提升闭环供应链的运作效率至关重要.

（4）揭示了零售商的竞争偏好行为对闭环供应链的定价决策、绩效水平、利润分配、回收渠道选择以及契约协调的影响，给出零售商的竞争偏好策略以及制造商关于零售商竞争偏好行为的应对策略，提高了涉及零售商竞争偏好行为的闭环系统的运作效率.

（5）揭示了制造商的竞争偏好行为对闭环供应链的定价决策、绩效水平、利润分配、回收渠道选择以及契约协调的影响，给出制造商的竞争偏好策略以及零售商关于制造商竞争偏好行为的应对策略，提高了涉及制造商竞争偏好行为的闭环系统的运作效率.

# 第2章 基本理论及文献综述

为了方便对本书的理解和后续章节的表述，本章对相关的基本理论进行概述，对有关的文献进行回顾.

本章结构安排如下：2.1节介绍相关的基本理论，包括闭环供应链的概念、博弈论和竞争偏好行为理论；2.2节对相关的文献进行综述；2.3节总结本章的结论.

## 2.1 基本理论

### 2.1.1 闭环供应链概述

#### 2.1.1.1 闭环供应链的概念及分类

闭环供应链思想的提出至今已有二十余年. 闭环供应链是正向供应链和逆向供应链的有机结合，它能够有效地控制物质流，呈现出由“由源到汇，再由汇到源”的特征. 由于闭环供应链着眼于废旧产品的回收及其剩余价值的利用，因此企业通过实施闭环供应链管理，不仅能够提高资源的利用水平，还能够节省成本、增加利润，对于树立企业绿色形象也具有不可估量的价值. 因而，闭环供应链管理近年来得到了学术界和工业界的极大关注.

根据废旧产品的处理方式，可以把闭环供应链分为再利用的闭环供应链、再制造的闭环供应链和再循环的闭环供应链[16]. 下面将3种闭环供应链的区别详细地总结在表2.1中.

其中，再制造是废旧产品处理方法中最复杂的一种，也是最具有价值的一种. 由于其能够充分利用废旧产品的附加值，且符合废旧电器电子产品的循环处理要求，再制造成为理论界和实业界都广泛关注并大量应用的一种方式. 本书的讨论针对再制造的闭环供应链展开.

表 2.1 闭环供应链的 3 种类型

| 再生处理 | | | | | |
|---|---|---|---|---|---|
| 类型 | 废旧产品回流至何处 | 废旧产品处理方式 | 废旧产品处理过程 | 废旧产品处理复杂程度 | 典型案例 |
| 再利用的闭环供应链 | 零售商 | 再循环 | 分拆、清洗、整修、拼修等 | 简单 | 饮料瓶、发动机支架、托盘等 |
| 再制造的闭环供应链 | 制造商 | 再利用 | 拆卸分解、化学清洗、整修加工、重新装配等 | 最复杂 | 电子设备、汽车发动机、航空机械设备等 |
| 再循环的闭环供应链 | 供应商 | 再制造/再利用 | 提取有用物资回炉重炼 | 中等 | 酸性铅电池等 |

### 2.1.1.2 闭环供应链的回收渠道

伴随着闭环供应链的出现和发展，回收渠道选择问题也随之产生. 从闭环供应链管理的实践来看，制造商、零售商和第三方回收商都可以从事废旧产品的回收. Savaskan 等[11]基于对市场的实际观察，总结了废旧产品回收的 3 种主要形式，分别是制造商回收、零售商回收和第三方回收[11]. 3 种回收渠道结构如图 2.1 所示.

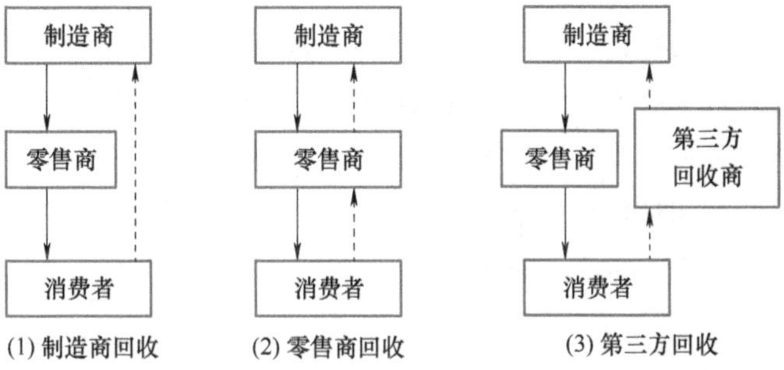


图 2.1 闭环供应链的回收渠道结构[11]

(1) 制造商回收渠道

在制造商回收渠道结构下，制造商亲自建立废旧产品的回收体系，直接从消费者手中回收废旧产品. 制造商回收渠道结构有利于制造商对产品进行有效的跟踪，精准地了解废旧产品的数量和质量等，同时还有助于树立企业的绿色形象，更好地履行企业社会责任. 而制造商回收渠道的缺点在于，回收体系的建立会消耗制造商大量的人力、物力. 因此，制造商回收渠道结构适合经济实力较强的大型企业. 例如，施乐公司采用预付邮费的方式从消费者手中直接回收废旧打印机和墨盒. 制造商回收渠道的例子还有惠普公司、佳能公司等.

（2）零售商回收渠道

在零售商回收渠道结构下，制造商委托零售商进行废旧产品的回收，并给予其相应的经济补偿. 在零售商回收渠道中，零售商同时利用其销售网络进行废旧产品的回收. 由于在地理位置上零售商与消费者更接近，这对于提升废旧产品的回收率、降低回收成本十分有利；同时，制造商可以摆脱废旧产品的回收事务，潜心于提升核心竞争力. 而零售商回收渠道结构的缺点在于，零售商往往缺乏专业的回收处理能力，导致较为低下的废旧产品处理效率[17]. 采用零售商回收的典型例子是伊士曼柯达公司，该公司通过大型的零售商进行一次性相机的回收[11].

（3）第三方回收渠道

在第三方回收渠道结构下，制造商将废旧产品的回收委托给专门从事废旧产品回收的第三方公司. 第三方回收渠道结构的优势在于第三方回收公司专业的处理能力，废旧产品回收处理效率高，容易产生规模经济效应[17]；同时，制造商可以有更多的精力专注于核心竞争力的提升. 而第三方回收渠道结构的劣势在于，制造商不便于获得产品的反馈信息，同时也无法观测到第三方的回收努力程度，不可避免地存在道德风险等问题[17]. 采用第三方回收渠道结构的企业多是原始设备制造商（Original Equipment Manufacturer），如福特、通用和戴姆勒-克莱斯勒等，它们通常将废旧产品的回收外包给独立的第三方.

闭环供应链的回收渠道结构会对系统的绩效水平以及成员的利润产生巨大的影响[10]. 因此，闭环供应链的回收渠道选择问题是学术界和工业界的研究热点，同时也是本书研究的核心问题.

## 2.1.2 博弈论概述

### 2.1.2.1 博弈论的概念

博弈论思想可以追溯到我国春秋时期的《孙子兵法》，它不仅是一部兵书，也可以说是一部博弈论专著. 1944 年大数学家冯・诺依曼与经济学家莫根斯特恩共著《博弈论与经济行为》标志着博弈论体系的诞生. 博弈论，也称作对策论或者赛局理论，是研究具有斗争性或竞争性现象的方法和理论. 博弈论是应用数学的一个分支，也是运筹学的一个重要部分，被广泛应用于经济学、军事战略、国际关系、计算机科学、生物学和其他很多学科之中.

一个完整的博弈需具备如下 5 个内容：(1) 博弈的参与者，即博弈过程中独立决策、独立承担后果的组织或个人；(2) 博弈信息，即博弈方所掌握的对选择博弈策略有用的信息资料；(3) 博弈方可选择的全部策略或行为的集合；(4) 博弈的次序，即博弈方选择策略的先后；(5) 博弈方的收益，即博弈方选择策略后的收益和损失.

闭环供应链包含了一个完整博弈的上述 5 项内容，并且各决策主体间具有天然的博弈特性. 因此，可以利用博弈论的理论和方法深层次地揭示闭环供应链运行的过程和机制，支持和促进闭环供应链的发展[16].

#### 2.1.2.2 博弈的分类

博弈可以从以下 3 个角度进行分类.

(1) 按照参与者之间是否合作分类

按照参与者之间是否合作，可将博弈分为合作博弈和非合作博弈. 合作博弈是博弈方达成一个具有约束力的协议，在协议范围内进行的博弈；否则，就是非合作博弈. 我们通常所指的是非合作博弈.

(2) 按照参与者对其他博弈方的了解程度分类

按照参与者对其他博弈方的了解程度，可将博弈分为不完全信息博弈和完全信息博弈. 完全信息博弈是指参与者准确了解所有博弈方的策略空间及策略组合下的支付. 反之，为不完全信息博弈.

(3) 按照参与者行动的先后分类

按照参与者行动的先后顺序，可将博弈分为静态博弈和动态博弈. 动态博弈是指博弈方的行动有先有后，并且后行动者能够观察到先行动者所采取的行动. 静态博弈是指博弈方同步采取行动，或者即使博弈方采取的行动有先有后，但是后行动者不知道先行动者采取的是何种行动.

博弈论是闭环供应链管理中的一种重要研究工具. 在后面的章节中我们将运用完全信息博弈和静态博弈解决闭环供应链中的协调优化问题.

### 2.1.3 竞争偏好行为概述

行为经济学的实验研究已经表明，供应链的成员在利益分配的过程中通常具有某种社会偏好，如竞争偏好、社会福利偏好、公平偏好等[12][14][15]. 竞争偏好是利润分配偏好的一种，是由地位追求引起的一种行为偏好[15]被发现普遍存在于供应链之中[12]. 同处于供应链系统之中的制造商和零售商在合作的过程中，常常因渠道利润的分配表现出竞争偏好行为. 例如，大型零售商沃尔玛在与制造商谈判的过程中要求“高质量，低价格”，试图获得更多的渠道利润，这是竞争偏好行为的典型表现. 再如，中国电器零售巨头国美在与制造商格力的合作中就体现出了竞争偏好行为. 在 2004 年由于国美电器未经授权降低空调价格，格力电器从国美的全国门店撤离，国美与格力交恶事件曾轰动一时. 然而，10 年后的 2014 年，格力与国美再度携手. 可见，合作与竞争的共存是供应链的常态.

Charness 和 Rabin 构建了一个综合概念模型[12]来刻画社会偏好行为，具体如下：

$$U_B=\begin{cases}\pi_B+\rho(\pi_A-\pi_B),\pi_B>\pi_A,\\ \pi_B+\sigma(\pi_A-\pi_B),\pi_B\leqslant\pi_A.\end{cases}\tag{2.1}$$

在上面的模型中，参数 $\rho$，$\sigma$ 用来捕捉各种各样的社会偏好行为. 其中，竞争偏好行为由 $\sigma\leqslant\rho\leqslant0$ 来刻画，参数 $\sigma$ 代表决策者 $B$ 的收益不高于决策者 $A$ 收益时的敏感系数，参数 $\rho$ 代表决策者 $B$ 的收益高于决策者 $A$ 收益时的敏感系数. 特别地，$\sigma=\rho$ 意味着决策者 $B$ 对收益高于或低于 $A$ 的敏感度相同. 于是，竞争偏好的效用函数可以简化为

$$U_B=\pi_B+\gamma(\pi_A-\pi_B).\tag{2.2}$$

这里，$\gamma(\gamma\leqslant0)$ 代表决策者 $B$ 对相对利润 $\pi_A-\pi_B$ 的敏感系数. 为论述方便起见，令 $\lambda=-\gamma$，相应地决策者 $B$ 的效用函数可以等同地描述为

$$U_B=\pi_B-\lambda(\pi_A-\pi_B).\tag{2.3}$$

其中，参数 $\lambda(\lambda\geqslant0)$ 称为竞争偏好强度系数. 特别地，$\lambda=0$ 意味着决策者 $B$ 不具有竞争偏好行为，即竞争行为中性.

应该注意的是，竞争偏好行为不同于公平行为（Fairness）. 具有公平行为的决策者不希望自己的收益高于对方的收益，同时也不希望自己的收益低于对方的收益[18][19][20]. 然而，具有竞争偏好的决策者只希望其收益高于对方的收益.

基于上面对竞争偏好的刻画，文中涉及的零售商的竞争偏好行为的效用函数为

$$U_r(\pi_m,\pi_r)=\pi_r-\lambda(\pi_m-\pi_r).\tag{2.4}$$

其中，参数 $\lambda(\lambda\geqslant0)$ 刻画零售商的竞争偏好程度，称为零售商的竞争偏好强度系数. 若 $\lambda=0$ 表示零售商不具有竞争偏好，此时其效用函数即为其收益.

文中涉及制造商的竞争偏好行为，其效用函数为

$$U_m(\pi_m, \pi_r) = \pi_m - \mu(\pi_r - \pi_m). \tag{2.5}$$

其中，参数 $\mu(\mu \geqslant 0)$ 刻画制造商的竞争偏好程度，称为制造商的竞争偏好强度系数. 若 $\mu=0$ 表示制造商不具有竞争偏好，此时其效用即为其收益.

行为经济学的实验证据表明社会偏好，包括竞争偏好，会系统地影响供应链交易中的经济决策[15]. 那么，在闭环供应链中制造商和零售商的竞争偏好行为是如何影响定价决策、渠道利润的分配、系统的绩效水平、回收渠道的选择以及契约协调等，是本书要解决的重要研究问题.

## 2.2 文献综述

本书从回收工业的实际出发，在回收定价的背景下展开闭环供应链回收渠道选择的研究，并将广泛存在于闭环供应链决策中的竞争偏好行为引入闭环供应链. 相关的研究涉及闭环供应链的定价问题、主导模式、契约协调和回收渠道的选择 4 个方面. 下面对相关的文献进行综述，并从中给出本书研究的定位.

### 2.2.1 闭环供应链定价问题研究现状

产品定价作为实现社会福利和社会资源配置的重要途径，一向是供应链理论研究的核心问题[21]. 按照是否涉及行为可将闭环供应链的定价问题研究分为以下两类：

（1）不涉及行为的闭环供应链定价问题

Ferrer[13][22]等研究了新产品和再制造产品区别定价问题. Debo[23]等，高攀等[24]考虑新产品、再制造产品以及翻新产品区别，研究零售商进行翻新的闭环系统的定价策略. 黄少辉等[25]在考虑废旧产品质量、新产品和在制品产品差异化定价的基础上，研究了双渠道回收闭环供应链定价问题. 郑本荣等[26]考虑专利保护因素，研究了传统与直销双渠道闭环供应链定价问题. 朱晓东等[27]考虑传统零售商回收与线上回收商的回收成本差异，研究了双回收渠道闭环供应链的定价策略. He 等[28]，刘光富等[29]研究了带有政府补贴的新产品和再制造产品竞争的双渠道闭环供应链定价问题. 李新然等[30]研究了“以旧换再”政策补贴对闭环供应链定价决策和利润的影响. 陈全朋等[31]在合作与非合作决策情形下研究闭环供应链的均衡定价和利益分配机制，发现制造商与零售商的联合定价策略使得系统的总利润增加. 冯章伟等[32]研究了第三方回收商的定价和回收策略对于制造商和供应商的影响，发现第三方回收商的无效零部件的回收价格和有效回收比例与批发价格、零售价格和市场需求密切相关. 王道平等[33]在回收量随机的背景下，研究碳减排与定价策略问题. 高举红等[34]在不确定需求背景下，研究再制造竞争的闭环系统定价策略. He[35]，程发新等[36]，孟丽君等[37]研究了回收质量不确定情形下的定价策略. Song 等[38]，Sang 等[39]在模糊环境下探讨了闭环供应链的定价决策问题.

(2) 涉及行为的闭环供应链定价问题

在涉及行为的定价研究中，可以按照消费者的行为和决策主体的行为划分为两类.

Huang 等[40]考虑策略消费者行为，在由第三方从事回收的闭环结构中研究消费者行为给定价决策和利润带来的影响. 高举红等[41]，郭军华等[42]考虑顾客对新产品及再制造产品的不同支付意愿，探讨了闭环供应链的定价策略. 邢光军等[43]研究了消费者绿色偏好行为下的定价策略. 许茂增等[44]考虑顾客对新产品、再制造产品和二手产品的偏好，研究闭环系统的差别定价. Feng 等[2]引入消费者渠道偏好，研究了再制造商逆向供应链的渠道选择策略. 赵静等[45]，曹晓刚等[46]，张桂涛等[47]研究了顾客的渠道偏好对闭环系统定价的影响.

张克勇等[48][49][50][51]，吴燕等[52]，张成堂等[53]，高鹏等[54]，丁雪峰等[55]，陈章跃等[56]，唐飞等[57][58]，刘志等[59]，姚锋敏等[60][61][62]，王玉燕等[63]，邹清明等[64]研究了相对公平关切行为下闭环系统的定价机制. 陈宇科等[65]考虑了零售商的风险规避，分析了需求随机环境下闭环供应链的均衡决策. 张克勇[66]，赵琳等[67]引入互惠利他偏好研究了闭环供应链的定价策略. 郑本荣等[68]，高举红等[69]，刘亮等[70]研究了供应链成员的社会责任投入对闭环系统定价决策的影响. 周珺等[71]考虑供应链成员的风险态度和消费者的渠道偏好对系统定价决策的影响，研究发现一定的风险规避行为可以提高闭环供应链的效用.

从以上文献中不难发现，涉及行为的定价研究逐渐成为新的研究热点. 与以往研究不同，本书将制造商和零售商的竞争偏好行为引入闭环供应链之中，分析决策者的竞争偏好行为对不同回收渠道结构下闭环供应链的均衡定价决策和绩效的影响.

### 2.2.2 闭环供应链主导模式研究现状

主导模式会对闭环供应链的绩效产生重大的影响[72][73]. 近年来，有关闭环供应链主导模式的研究呈现逐渐增多的趋势. 多数的研究假设制造商是渠道的主导者，零售商是跟随者[11][74][75]. 伴随着新型商业模式的出现，供应链的权力结构呈现出多元化的发展趋势. 既有如华为、联想等制造商主导的权力结构，也存在着如麦德龙、沃尔玛等零售商主导的权力结构，还存在着由第三方主导的权利结构[76]. 张福安等[77]，张雅琪等[78]，余福茂等[79]，高举红等[80]，姚锋敏等[81]探讨了零售商主导的闭环供应链. 易余胤[82]在不同主导力量下分析了由一个制造商、两个竞争的零售商和第三方回收商组成的闭环供应链系统，得出零售商主导模式占优. 王文宾等[83]考虑了新产品与再制造产品的差别定价，分析了三种不同渠道力量结构下由一个制造商和一个零售商组成的闭环供应链系统的绩效水平. Choi 等[73]在由第三方进行回收的闭环结构中研究了不同主导模式对系统定价决策和绩效的影响，发现零售商主导模式优于制造商主导模式. Wang 等[4]在由第三方回收的闭环结构中研究不同权力结构下的奖惩机制，发现第三方主导模式优于制造商主导模式. 李明芳等[84]在制造商回收的闭环结构中，研究渠道权力对闭环系统的定价决策及绩效的影响. 吴志丹等[85]在零售商负责回收的闭环结构下分析了主导模式对闭环供应链系统绩效的影响，分析发现在分散决策系统中，纳什均衡模式最优，领导权的出现使得闭环供应链的绩效水平恶化. 闻卉等[86]研究了不同主导模式对双销售渠道结构下闭环系统的均衡决策和利润的影响. 王竟竟等[87]探究了主导模式对风险规避闭环供应链的影响，研究发现零售商和制造商势力均衡时系统期望收益最高，当制造商主导时制造商的期望收益最高，当零售商主导时零售商的期望收益最高.

上述文献为闭环供应链主导模式的研究奠定了基础. 本书的研究主要涉及制造商主导和零售商主导两类闭环供应链. 与以往研究的不同在于，本书通过制造商主导和零售商主导两类闭环供应链不同回收渠道结构下绩效的比较研究，分析回收渠道结构与主导模式对于闭环供应链系统的重要性，以及决策主体对主导权力与回收权力的权衡. 更进一步地，引入决策主体的竞争偏好行为，分析竞争偏好对不同主导模式下系统绩效的影响.

### 2.2.3　闭环供应链契约协调研究现状

关于闭环供应链契约协调的研究，根据是否涉及决策主体的行为划分为以下两类：

（1）不涉及行为的闭环供应链契约协调

Savaskan 等[11]证实二部制契约能够协调闭环供应链，并使得系统绩效达到集中决策时的最优水平. Choi 等[73]在第三方回收渠道结构下探索了不同主导力量下闭环供应链的协调机制的设计，发现二部制契约和收益费用共享契约都能够实现不同主导力量下闭环供应链的协调. Ferguson 等[88]，Govindan 等[89]，Zeng [90]和 De Giovanni 等[91]使用收益共享契约协调供应链. 孙浩等[92]，包晓英等[93]，刘家国等[94]，霍艳芳等[95]，许茂增等[96]在考虑新产品与再制造产品差异的背景下研究了闭环供应链协调问题. 吴志丹等[85]在零售商从事回收的闭环结构下研究了不同主导模式对闭环系统协调的影响，研究发现二部定价契约能够协调分散决策系统，并且契约协调下双方对渠道利润的争夺仍未停止；当主导权由一方掌控时，双方谈判的空间较大；纳什均衡模式中双方谈判的空间较小. Chen 等[97]，Cao 等[98]，Cai 等[99]和 Xu 等[100]讨论了双回收渠道结构闭环供应链协调机制的设计. 易余胤等[101]，张成堂等[102]，于春海等[103]，梁喜等[104]考虑多回收渠道组合下的闭环系统的协调. 张汉江等[105]研究了最优销售价格激励契约以及最优回收努力激励契约实现系统协调的可能性，发现最优销售价格激励契约能够实现生产销售部分的协调，回收努力激励契约可以实现回收部分的协调. Kannan[106]对闭环供应链契约协调的相关研究进行了梳理和综述.

（2）涉及行为的闭环供应链契约协调

高举红等[80]研究了社会责任承担对闭环供应链系统的均衡决策和利润的影响，研究发现收入共享契约和两部定价契约都能够实现考虑社会责任承担的闭环系统的协调. 刘亮等[70]从零售商的视角探讨了社会责任水平对闭环供应链决策的影响，并且收入共享契约、两部定价契约能够实现系统的协调. 张克勇等[107]在非对称信息下研究了零售商具有公平关切行为时闭环供应链的协调问题. Feng 等[2]引进消费者对于线上回收渠道的偏好，研究了涉及行为的逆向供应链协调问题，发现收益共享契约能够协调消费者具有渠道偏好的逆向供应链. 曹晓刚等[46]，张桂涛等[47]考虑顾客的渠道偏好，研究了闭环系统的均衡决策和协调问题. 陈艳等[108]建立了闭环系统风险分担博弈模型，结果表明风险分担契约能够使得闭环供应链总收益最大化，同时使制造商、零售商之间实现更为恰当的风险共担和利益共享，从而达到闭环供应链的协调. Zhu 等[109]考虑消费者的讨价还价行为，研究闭环供应链的定价机制与收益费用共享契约协调机制. 姚锋敏等[110]在闭环供应链的协调运作研究中考虑了企业社会责任行为意识，发现收益共享-成本共担契约能促使零售商提高企业社会责任投入水平、制造商增强企业社会责任行为意识. 李新然等[111]也考虑了企业社会责任的闭环供应链协调问题，发现由企业社会责任履行成本共担与数量折扣的组合契约能够实现更大的社会福利. 梁喜等[112]同时考虑消费者绿色偏好和企业社会责任分担下闭环供应链的协调.

从以上文献不难发现，涉及行为的协调契约研究已经成为学者们关注的热点. 本书与已有的研究不同，在回收定价的背景下引入了决策主体的竞争偏好行为，探讨涉及竞争偏好行为的闭环供应链协调机制的设计，并分析竞争偏好行为对协调契约的影响，为闭环供应链契约管理提供参考.

### 2.2.4　闭环供应链回收渠道选择研究现状

有效回收渠道的建立对于闭环供应链管理至关重要[9]. 关于闭环供应链回收渠道选择研究的文献可划分为两大类，一类是单回收渠道，另一类是混合回收渠道.

(1) 闭环供应链单回收渠道选择问题

Savaskan 等[11]基于对实践的观察提出闭环供应链的 3 种常见的回收渠道结构，分别是制造商回收渠道、零售商回收渠道和第三方回收渠道. Savaskan 等[11]在回收价格为一个固定常数的背景下得出零售商回收渠道最有效. Savaskan 和 Wassenhove[113]进一步研究了多个零售商竞争的情形下闭环供应链的逆向渠道设计. Atasu 等[114]从回收费用的角度给出了闭环系统回收渠道的选择的策略，研究发现最优的回收渠道选择取决于制造商如何通过回收费用结构来控制零售商的销售和回收数量. Han 等[115]研究了再制造成本扰动下闭环系统的回收渠道选择策略. 王发鸿等[116]引入再制造比率，在此基础上研究回收渠道的选择问题. 樊松等[117]分析了初始投入系数对回收渠道选择的影响. Chuang 等[10]研究了回收法律和回收费用结构对回收渠道选择的影响. De Giovanni 等[118]研究了环境绩效和运营绩效对回收渠道选择的影响. 曹柬等[119]将再制品成本当作内生变量，从企业收益、消费者剩余和回收率 3 个不同的视角展开回收渠道选择偏好分析. 卢荣花等[120]基于电子产品的特性建立了制造商回收和零售商回收的闭环供应链模型，发现当回收率为外生变量时零售商渠道最优；当回收率为内生变量时，只有当系统参数变化使得零售商回收其全部订货量时，零售商回收渠道才优于制造商回收渠道. 公彦德[121]探寻了闭环供应链回收方式和主导模式的最优组合，研究发现制造商主导、零售商回收的组合方式最优. 陈章跃等[122]研究了产品模块化设计对闭环系统回收渠道选择的影响，为制造商选择回收渠道提供了参考.

(2) 闭环供应链混合回收渠道选择问题

Huang 等[7]研究了零售商和第三方回收商竞争回收的双渠道闭环供应链，

发现回收渠道的选择取决于双方的竞争强度系数. Hong 等[123]发现制造商和零售商混合回收渠道对于制造商而言是最有效的. Ma 等[124]和 Liu 等[125]探讨了补贴政策下双回收渠道的闭环供应链结构选择问题. Taleizadeh 等[126]将单回收渠道和双回收渠道结构进行对比，发现在双回收渠道下回收产品质量总是好于单回收渠道. 姚锋敏等[127]构建了零售商主导的双回收渠道的系统模型，发现当第三方有利可图时，对零售商而言第三方负责回收是占优策略. 零售商负责回收对制造商和整个闭环供应链系统均是占优策略. 倪明等[128]建立了 3 种双回收渠道结构模型，分别是制造商和第三方共同回收、制造商和零售商共同回收、零售商和第三方共同回收，讨论了渠道竞争系数对不同回收组合结构绩效的影响. 公彦德等[129]建立了混合回收闭环供应链模型，研究发现制造商和零售商混合回收使得供应链系统具有长期稳定性. Han[130]研究了零售商主导且制造商竞争的闭环供应链回收渠道选择问题.

上述关于回收渠道选择的研究大都是基于废旧产品的回收价格为一个固定常数的假设而展开的. 然而，在现实回收工业中情况并非总是如此，许多具有较高残值的废旧产品其回收价格需要由回收方进行定价决策. 因此，本书区别于已有研究，在回收定价的背景下对闭环供应链单回收渠道选择问题进行研究，更进一步地，探讨决策主体具有竞争偏好行为时闭环供应链单回收渠道的选择.

### 2.2.5 文献评述

闭环供应链研究已经成为国内外学者关注的热点，并获得了丰富的研究成果. 然则，由于理论研究与实际运作的偏差，以及回收渠道选择在闭环供应链管理中的重要地位，闭环供应链的研究仍存在以下几个方面值得做进一步的探索.

（1）回收定价背景下闭环供应链回收渠道选择研究. 已有的相关研究大都基于废旧产品的回收价格为一个固定常数的假设而展开，然而，在现实回收工业中情况并非总是如此. 许多具有较高残值的废旧产品其回收价格需要由回收方进行定价决策. 因此，在回收定价的背景下回收渠道选择的研究，对于闭环供应链管理的理论与实践都具有十分重要的价值和意义.

（2）回收定价背景下闭环供应链主导模式与回收渠道权衡研究. 对于闭环供应链而言，制造商主导和零售商主导是常见的两种主导模式，常见的回收渠道结构是制造商回收渠道、零售商回收渠道和第三方回收渠道. 那么，在回收定价的背景下主导模式与回收渠道的最佳组合是什么，主导模式和回收渠道结构哪一个对闭环供应链而言更重要，都是值得回答的重要问题.

（3）竞争偏好行为对闭环供应链回收渠道选择影响研究. 涉及行为的闭环供应链研究正在成为新的研究热点. 在回收工业中，决策者的竞争偏好行为是如何影响闭环供应链的定价决策、利润的分配、系统的绩效水平、回收渠道的选择、契约协调等，这些都是闭环供应链管理中亟待解决的重要研究问题.

（4）竞争偏好行为的本质及其对不同回收渠道结构和主导模式下闭环供应链绩效影响研究. 当决策主体具有竞争偏好行为时，竞争偏好行为是如何影响不同回收渠道结构下闭环供应链的绩效水平，竞争偏好行为的本质特征是什么，具有竞争偏好行为的决策者是否适合作为渠道的主导者，这些都是值得回答的重要研究问题，为后续涉及竞争偏好行为的闭环供应链的研究奠定基础.

## 2.3　本章小结

本章对基本理论和相关文献进行了概述. 首先，介绍闭环供应链的概念及分类，论述闭环供应链回收渠道及其重要性. 然后，介绍本书涉及的竞争偏好行为的表现及其概念模型，并论述了竞争偏好行为与公平行为的区别. 接着，对闭环供应链相关文献研究进行综述，分别从定价问题、主导模式、契约协调和回收渠道选择 4 个方面对已有的研究进行回顾. 最后，对文献进行评述，指出值得进一步探索和研究的问题，聚焦本书的研究内容.

# 第 3 章 制造商主导下回收渠道选择问题

闭环供应链有效回收渠道的建立关系到整个系统的效率、成员的利益以及资源的利用率[9][10]. 以往关于闭环供应链回收渠道选择的研究，通常假设废旧产品的回收价格为一个固定的常数[4][7][10][11][72][73][78][82][85]. 然而，在实际的回收工业中情况并非如此. 一些具有较高残值的废旧产品，如废弃的电器电子产品等，其回收价格需要由回收方进行回收定价. 于是问题随之而来，在回收定价的背景下闭环供应链何种回收渠道最有效？在回收定价的背景之下，何种主导模式更有效？主导权的转移是否会带来最优回收渠道结构的变化？回收渠道与主导模式的最优组合是什么？如何设计协调契约实现闭环供应链的协调？这些是第 3 章和第 4 章将要探讨和解决的主要问题.

本章在回收定价的背景下，运用博弈理论和数学优化方法，针对制造商主导的闭环供应链回收渠道选择问题展开研究. 本章结构安排如下：3.1 节对回收定价背景下制造商主导的闭环供应链回收渠道选择问题进行描述；3.2 节建立制造商主导模式下回收渠道选择问题模型，并给出模型的最优解；3.3 节对模型结果进行比较，分析给出回收定价背景下制造商主导的闭环供应链最有效的回收渠道；3.4 节针对最有效的回收渠道结构进行协调契约的设计；3.5 节总结本章的结论.

## 3.1 问题描述和假设

在由一个制造商和一个零售商组成的闭环供应链系统中，制造商为系统的主导者（M-led). 在正向供应链中，制造商委托零售商进行产品销售，批发价格为 $w$，零售商将产品销售给顾客，零售商价格为 $p$；而在逆向供应链中，废旧产品的回收价格由回收方进行定价决策，废旧产品的回收方式有 3 种[11]，分别是制造商回收渠道（M-channel）、零售商回收渠道（R-channel）和第三方回收渠道（T-channel）：（1）在制造商回收渠道中，制造商以回收价格 $b_m$ 直接从顾客手中进行回收（模型 MM）；（2）在零售商回收渠道中，制造商以回收转移价格 $b_{mr}$ 委托零售商进行废旧产品的回收，零售商以回收价格 $b_r$ 从顾客手中回收废旧产品（模型 MR）；（3）在第三方回收渠道中，制造商以回收转移价格 $b_{mt}$ 委托第三方进行废旧产品的回收，第三方以回收价格 $b_t$ 从顾客手中回收废旧产品（模型 MT）.

基本假设如下：

（1）假设再制造产品与新产品在质量上没有区别[11][73][113].

（2）假设由新材料生产的产品的单位成本 $c_m$ 高于利用废旧产品进行生产的单位成本 $c_0$，即 $c_m>c_0$[11][97]；由回收而节省的单位生产费用为 $\delta$（即 $\delta=c_m-c_0$，$\delta>0$）.

（3）假设所有的成员都愿意合作，具体地，有 $p>w>0$；$b_j<b_{mj}<\delta(j=r,t)$，$b_m<\delta$.

（4）假设产品的需求函数是零售价格 $p$ 的线性函数，即 $D=A-\alpha p$，其中 $A(A>0)$ 代表市场规模，$\alpha(\alpha>0)$ 代表消费者对零售价格的敏感程度[7][11][13][22][73][97].

（5）假设废旧产品的回收量与回收价格 $b_j(j=m,r,t)$ 呈线性的函数关系，即 $G(b_j)=k+hb_j$，其中 $k(k>0)$ 代表基本的回收数量和消费者的环境保护意识，$h(h>0)$ 代表消费者对回收价格的敏感程度[131][132][133][134].

## 3.2　模型建立和求解

### 3.2.1　集中决策模型

为了更好地比较分散化决策下闭环供应链的绩效，并为后续的协调研究提供基准，首先给出集中决策模型（简记为模型 C）. 在模型 C 中，只有一个决策者，故内部的定价决策（批发价格和回收转移价格）与目标函数无关. 于是，目标函数为

$$\max_{p,b}\Pi^{\mathrm{C}}=(p-c_m)(A-\alpha p)+(\delta-b)(k+hb). \tag{3.1}$$

基于以上模型，可以得到引理 3.1.

**引理 3.1**　在模型 C 中，最优的零售价格和回收价格为 $p^{\mathrm{C}*}=\dfrac{A+\alpha c_m}{2\alpha}$，$b^{\mathrm{C}*}=$

$\frac{h\delta-k}{2h}$；均衡的渠道利润为 $\Pi^{C*}=P_f+P_r$，其中 $P_f=\frac{(A-\alpha c_m)^2}{4\alpha}$，代表前向渠道中获得的利润；$P_r=\frac{(h\delta+k)^2}{4h}$代表逆向渠道中获得的利润.

证明：由 $\Pi^C$ 关于 $p$ 求二阶导数，得$\frac{d^2\Pi^C}{dp^2}=-2\alpha<0$，可知 $\Pi^C$ 是关于 $p$ 的凸函数. 由式（3.1）的一阶条件可得 $p^{C*}=\frac{A+\alpha c_m}{2\alpha}$，$b^{C*}=\frac{h\delta-k}{2h}$. 将 $p^{C*}$ 和 $b^{C*}$ 代入式（3.1），得 $\Pi^{C*}=P_f+P_r$，其中 $P_f=\frac{(A-\alpha c_m)^2}{4\alpha}$，$P_r=\frac{(h\delta+k)^2}{4h}$. 证毕.

从传统上来讲，制造商通常拥有影响供应链决策的主导力量，并扮演着渠道领导者的角色. 在这一节中，研究制造商主导（M-led）的闭环供应链，分别在 3 种不同的回收渠道结构下给出闭环供应链系统的均衡决策和利润.

### 3.2.2 制造商回收渠道模型 MM

在如下的模型 MM 中，制造商作为闭环供应链的主导者（M-led），同时制造商自己负责废旧产品的回收（M-channel），零售商只负责产品的销售. 于是，制造商的目标函数为

$$\max_{w,b_m}\pi_m^{MM}=(w-c_m)(A-\alpha p)+(\delta-b_m)(k+hb_m). \tag{3.2}$$

零售商的目标函数为

$$\max_{p}\pi_r^{MM}=(p-w)(A-\alpha p). \tag{3.3}$$

决策顺序如下：首先，制造商由式（3.2）决策批发价格和回收价格. 然后，零售商根据式（3.3）决策零售价格. 由逆向归纳法，可以得到引理 3.2.

引理 3.2　在模型 MM 中，最优的批发价格、回收价格和零售价格分别是 $w^{MM*}=\frac{A+\alpha c_m}{2\alpha}$，$b_m^{MM*}=\frac{h\delta-k}{2h}$，$p^{MM*}=\frac{3A+\alpha c_m}{4\alpha}$；均衡的渠道利润为 $\pi_m^{MM*}=\frac{P_f}{2}+P_r$，$\pi_r^{MM*}=\frac{P_f}{4}$，$\Pi^{MM*}=\frac{3P_f}{4}+P_r$.

证明：首先，证明 $\pi_m^{MM}$ 和 $\pi_r^{MM}$ 的凸性.

对于制造商的问题：令 $p=w+n$，将 $\pi_m^{MM}$ 关于 $w$ 和 $b_m$ 求一阶偏导数，得 $\frac{\partial\pi_m^{MM}}{\partial w}=A-2\alpha w-\alpha n+\alpha c_m$ 和$\frac{\partial\pi_m^{MM}}{\partial b_m}=-k-2hb_m+h\delta$，进一步得到 $\pi_m^{MM}$ 的黑塞矩阵

$\boldsymbol{H}^{\mathrm{MM}}=\begin{pmatrix}-2\alpha & 0\\ 0 & -2h\end{pmatrix}$. 易知 $\boldsymbol{H}^{\mathrm{MM}}$是负定的，也就是说 $\pi_r^{\mathrm{MM}}$ 关于（$w,b_m$）是凸的.

对于零售商的问题：由 $\pi_r^{\mathrm{MM}}$ 关于 $p$ 二阶导数，得$\frac{\mathrm{d}^2\pi_r^{\mathrm{MM}}}{\mathrm{d}p^2}=-2\alpha<0$，即 $\pi_r^{\mathrm{MM}}$ 是关于 $p$ 的凸函数.

接下来，由 $\pi_r^{\mathrm{MM}}$ 的一阶条件，可得零售商的最优反应函数 $\hat{p}^{\mathrm{MM}}=\frac{A+\alpha w}{2\alpha}$. 将其代入 $\pi_m^{\mathrm{MM}}$，得 $\hat{\pi}_m^{\mathrm{MM}}=(w-c_m)\frac{(A-\alpha w)}{2}+(\delta-b_m)(k+hb_m)$. 由一阶条件得 $w^{\mathrm{MM}*}=\frac{A+\alpha c_m}{2\alpha}$和 $b_m^{\mathrm{MM}*}=\frac{h\delta-k}{2h}$.

将 $w^{\mathrm{MM}*}$代入 $\hat{p}^{\mathrm{MM}}$，可得 $p^{\mathrm{MM}*}=\frac{3A+\alpha c_m}{4\alpha}$；将 $w^{\mathrm{MM}*}$，$b_m^{\mathrm{MM}*}$ 和 $p^{\mathrm{MM}*}$ 代入 $\pi_m^{\mathrm{MM}}$ 和 $\pi_r^{\mathrm{MM}}$，得到 $\pi_m^{\mathrm{MM}*}=\frac{P_f}{2}+P_r$，$\pi_r^{\mathrm{MM}*}=\frac{P_f}{4}$和 $\Pi^{\mathrm{MM}*}=\frac{3P_f}{4}+P_r$. 证毕.

### 3.2.3　零售商回收渠道模型 MR

在如下的模型 MR 中，制造商作为闭环供应链的主导者（M-led），零售商从事新产品销售的同时还负责废旧产品的回收（R-channel）. 于是，制造商的目标函数为

$$\max_{w,b_{mr}}\pi_m^{\mathrm{MR}}=(w-c_m)(A-\alpha p)+(\delta-b_{mr})(k+hb_r). \tag{3.4}$$

零售商的利润函数为

$$\max_{p,b_r}\pi_r^{\mathrm{MR}}=(p-w)(A-\alpha p)+(b_{mr}-b_r)(k+hb_r). \tag{3.5}$$

决策的顺序如下：首先，制造商由式（3.4）决策批发价格和回收价格. 然后，零售商根据式（3.5）决策零售价格. 由逆向归纳法，可以得到引理 3.3.

**引理 3.3**　在模型 MR 中，最优的批发价格、回收转移价格、零售价格和回收价格分别是 $w^{\mathrm{MR}*}=\frac{A+\alpha c_m}{2\alpha}$，$b_{mr}^{\mathrm{MR}*}=\frac{h\delta-k}{2h}$，$p^{\mathrm{MR}*}=\frac{3A+\alpha c_m}{4\alpha}$，$b_r^{\mathrm{MR}*}=\frac{h\delta-3k}{4h}$；均衡的渠道利润为 $\pi_m^{\mathrm{MR}*}=\frac{P_f+P_r}{2}$，$\pi_r^{\mathrm{MR}*}=\frac{P_f+P_r}{4}$，$\Pi^{\mathrm{MR}*}=\frac{3(P_f+P_r)}{4}$.

**证明：**首先，证明 $\pi_m^{\mathrm{MR}}$ 和 $\pi_r^{\mathrm{MR}}$ 的凸性.

对于制造商的问题：令 $p=w+n$，$b_r=b_{mr}+m$，将 $\pi_m^{\mathrm{MR}}$ 关于 $w$ 和 $b_m$ 求一阶偏导

数，得 $\frac{\partial \pi_m^{MR}}{\partial w}=A-2\alpha w-\alpha n+\alpha c_m$ 和 $\frac{\partial \pi_m^{MR}}{\partial b_{mr}}=-k-2hb_{mr}+h\delta-hm$. 进一步地，$\pi_m^{MR}$ 的黑塞矩阵为 $\boldsymbol{H}_m^{MR}=\begin{pmatrix}-2\alpha & 0\\ 0 & -2h\end{pmatrix}$，易知 $\boldsymbol{H}_m^{MR}$ 是负定的，也就是说 $\pi_m^{MR}$ 关于（$w,b_{mr}$）是凸的.

对于零售商的问题：由 $\pi_r^{MR}$ 关于（$p,b_r$）的一阶导数得，$\frac{\partial \pi_r^{MR}}{\partial p}=A-2\alpha p+\alpha w$ 和 $\frac{\partial \pi_r^{MR}}{\partial b_r}=-k-2hb_r+hb_{mr}$. 进一步地，$\pi_r^{MR}$ 的黑塞矩阵为 $\boldsymbol{H}_r^{MR}=\begin{pmatrix}-2\alpha & 0\\ 0 & -2h\end{pmatrix}$. 易知 $\boldsymbol{H}_r^{MR}$ 是负定的，即 $\pi_r^{MR}$ 是关于（$p,b_r$）的凸函数.

接下来，由 $\pi_r^{MR}$ 的一阶条件，可得零售商的最优反应函数 $\hat{p}^{MR}=\frac{A+\alpha w}{2\alpha}$ 和 $\hat{b}_r^{MR}=\frac{hb_{mr}-k}{2h}$. 将它们代入 $\pi_m^{MR}$，得 $\hat{\pi}_m^{MR}=(w-c_m)\frac{(A-\alpha w)}{2}+(\delta-b_{mr})\frac{(k+hb_{mr})}{2}$. 由一阶条件可得 $w^{MR*}=\frac{A+\alpha c_m}{2\alpha}$ 和 $b_{mr}^{MR*}=\frac{h\delta-k}{2h}$.

将 $w^{MR*}$ 代入 $\hat{p}^{MR}$，得 $p^{MR*}=\frac{3A+\alpha c_m}{4\alpha}$；将 $b_{mr}^{MR*}$ 代入 $\hat{b}_r^{MR}$，可得 $b_r^{MR*}=\frac{h\delta-3k}{4h}$；将 $w^{MR*}$，$b_{mr}^{MR*}$，$b_r^{MR*}$ 和 $p^{MR*}$ 代入 $\pi_m^{MR}$ 和 $\pi_r^{MR}$，得到 $\pi_m^{MR*}=\frac{P_f+P_r}{2}$，$\pi_r^{MR*}=\frac{P_f+P_r}{4}$ 和 $\Pi^{MR*}=\frac{3(P_f+P_r)}{4}$. 证毕.

### 3.2.4 第三方回收渠道模型 MT

在如下的模型 MT 中，制造商作为闭环供应链的主导者（M-led），零售商负责新产品的销售，第三方从事废旧产品回收（T-channel）. 于是，制造商的目标函数为

$$\max_{w,b_{mt}}\pi_m^{MT}=(w-c_m)(A-\alpha p)+(\delta-b_{mt})(k+hb_t). \tag{3.6}$$

零售商的利润函数为

$$\max_{p}\pi_r^{MT}=(p-w)(A-\alpha p). \tag{3.7}$$

第三方回收商的利润函数为

$$\max_{b_t}\pi_t^{\mathrm{MT}}=(b_{mt}-b_t)(k+hb_t).\tag{3.8}$$

决策的顺序如下：首先，制造商由式（3.6）决策批发价格和回收价格. 然后，零售商根据式（3.7）决策零售价格；第三方回收商根据式（3.8）决策回收价格. 由逆向归纳法，可以得到引理3.4.

**引理3.4** 在模型MT中，最优的批发价格、回收转移价格、零售价格和回收价格分别是 $w^{\mathrm{MT}*}=\dfrac{A+\alpha c_m}{2\alpha}$，$b_{mt}^{\mathrm{MT}*}=\dfrac{h\delta-k}{2h}$，$p^{\mathrm{MT}*}=\dfrac{3A+\alpha c_m}{4\alpha}$，$b_t^{\mathrm{MT}*}=\dfrac{h\delta-3k}{4h}$；均衡的渠道利润为 $\pi_m^{\mathrm{MT}*}=\dfrac{P_f+P_r}{2}$，$\pi_r^{\mathrm{MT}*}=\dfrac{P_f}{4}$，$\pi_t^{\mathrm{MT}*}=\dfrac{P_r}{4}$，$\Pi^{\mathrm{MT}*}=\dfrac{3}{4}(P_f+P_r)$.

证明：首先，证明 $\pi_m^{\mathrm{MT}}$，$\pi_r^{\mathrm{MT}}$ 和 $\pi_t^{\mathrm{MT}}$ 的凸性.

对于制造商的问题：令 $p=w+n$，$b_t=b_{mt}+m$，将 $\pi_m^{\mathrm{MT}}$ 关于自变量求偏导数，得$\dfrac{\partial\pi_m^{\mathrm{MT}}}{\partial w}=A-2\alpha w-\alpha n+\alpha c_m$ 和$\dfrac{\partial\pi_m^{\mathrm{MT}}}{\partial b_{mt}}=-k-2hb_{mt}+h\delta-hm$. 进一步地，$\pi_m^{\mathrm{MT}}$ 的黑塞矩阵为 $\boldsymbol{H}_m^{\mathrm{MT}}=\begin{pmatrix}-2\alpha & 0\\ 0 & -2h\end{pmatrix}$. 易知，$\boldsymbol{H}_m^{\mathrm{MT}}$ 是负定的，即 $\pi_m^{\mathrm{MT}}$ 关于（$w,b_{mt}$）是凸的.

对于零售商的问题：将 $\pi_r^{\mathrm{MT}}$ 关于 $p$ 求二阶导数，可得$\dfrac{\mathrm{d}^2\pi_r^{\mathrm{MT}}}{\mathrm{d}p^2}=-2\alpha<0$，即 $\pi_r^{\mathrm{MT}}$ 是关于 $p$ 的凸函数.

对于第三方的问题：将 $\pi_t^{\mathrm{MT}}$ 关于 $b_{mt}$ 求二阶导数，可得$\dfrac{\mathrm{d}^2\pi_t^{\mathrm{MT}}}{\mathrm{d}b_{mt}^2}=-2h<0$，即 $\pi_t^{\mathrm{MT}}$ 是关于 $b_{mt}$ 的凸函数.

接下来，由 $\pi_r^{\mathrm{MT}}$ 和 $\pi_t^{\mathrm{MT}}$ 的一阶条件，可得零售商和第三方的最优反应函数 $\hat{p}^{\mathrm{MT}}=\dfrac{A+\alpha w}{2\alpha}$和 $\hat{b}_t^{\mathrm{MT}}=\dfrac{hb_{mt}-k}{2h}$. 将它们代入 $\pi_m^{\mathrm{MT}}$，可得 $\hat{\pi}_m^{\mathrm{MT}}=(w-c_m)\dfrac{(A-\alpha w)}{2}+(\delta-b_{mt})\dfrac{(k+hb_{mt})}{2}$. 由一阶条件可得 $w^{\mathrm{MT}*}=\dfrac{A+\alpha c_m}{2\alpha}$和 $b_{mt}^{\mathrm{MT}*}=\dfrac{h\delta-k}{2h}$.

将 $w^{\mathrm{MT}*}$代入 $\hat{p}^{\mathrm{MT}}$，可得 $p^{\mathrm{MT}*}=\dfrac{3A+\alpha c_m}{4\alpha}$. 将 $b_{mt}^{\mathrm{MT}*}$代入 $\hat{b}_t^{\mathrm{MT}}$，可得 $b_t^{\mathrm{MT}*}=\dfrac{h\delta-3k}{4h}$.

将 $w^{\mathrm{MT}*}$，$b_{mt}^{\mathrm{MT}*}$，$b_t^{\mathrm{MT}*}$ 和 $p^{\mathrm{MT}*}$ 代入 $\pi_m^{\mathrm{MT}}$，$\pi_r^{\mathrm{MT}}$ 和 $\pi_t^{\mathrm{MT}}$，可得 $\pi_m^{\mathrm{MT}*}=\dfrac{P_f+P_r}{2}$，$\pi_r^{\mathrm{MT}*}=\dfrac{P_f}{4}$，$\pi_t^{\mathrm{MT}*}=\dfrac{P_r}{4}$和 $\Pi^{\mathrm{MT}*}=\dfrac{3}{4}(P_f+P_r)$. 证毕.

## 3.3 结果分析

将制造商主导模式下闭环供应链三种回收渠道模型的主要结果总结于表 3.1 中.

表 3.1 制造商主导的闭环供应链模型的主要结果

| | 模型 MM | 模型 MR | 模型 MT |
|---|---|---|---|
| $p^*$ | $p^{MM*}=\frac{3A+\alpha c_m}{4\alpha}$ | $p^{MR*}=\frac{3A+\alpha c_m}{4\alpha}$ | $p^{MT*}=\frac{3A+\alpha c_m}{4\alpha}$ |
| $b_i^*$ | $b_m^{MM*}=\frac{h\delta-k}{2h}$ | $b_r^{MR*}=\frac{h\delta-3k}{4h}$ | $b_t^{MT*}=\frac{h\delta-3k}{4h}$ |
| $w^*$ | $w^{MM*}=\frac{A+\alpha c_m}{2\alpha}$ | $w^{MR*}=\frac{A+\alpha c_m}{2\alpha}$ | $w^{MT*}=\frac{A+\alpha c_m}{2\alpha}$ |
| $b_{mj}^*$ | N/A | $b_{mr}^{MR*}=\frac{h\delta-k}{2h}$ | $b_{mt}^{MT*}=\frac{h\delta-k}{2h}$ |
| $\pi_m^*$ | $\pi_m^{MM*}=\frac{P_f}{2}+P_r$ | $\pi_m^{MR*}=\frac{P_f+P_r}{2}$ | $\pi_m^{MT*}=\frac{P_f+P_r}{2}$ |
| $\pi_r^*$ | $\pi_r^{MM*}=\frac{P_f}{4}$ | $\pi_r^{MR*}=\frac{P_f+P_r}{4}$ | $\pi_r^{MT*}=\frac{P_f}{4}$ |
| $\pi_t^*$ | N/A | N/A | $\pi_t^{MT*}=\frac{P_r}{4}$ |
| $\Pi^*$ | $\Pi^{MM*}=\frac{3P_f}{4}+P_r$ | $\Pi^{MR*}=\frac{3}{4}(P_f+P_r)$ | $\Pi^{MT*}=\frac{3}{4}(P_f+P_r)$ |

基于表 3.1 对制造商主导模式下三种回收渠道的结果进行比较，可以得到如下重要结论：

**定理 3.1** 在制造商主导的三种回收渠道结构中，最优的零售价格和批发价格满足：$p^{MM*}=p^{MR*}=p^{MT*}$ 和 $w^{MM*}=w^{MR*}=w^{MT*}$.

显然，3 种回收渠道中的零售价格和批发价格都是相同的. 定理 3.1 表明，制造商主导模式下回收渠道的选择对于正向供应链的价格决策没有影响.

**定理 3.2** 在制造商主导的三种回收渠道结构中，最优的回收价格和回收转移价格满足：$b_m^{MM*}>b_r^{MR*}=b_t^{MT*}$ 和 $b_{mr}^{MR*}=b_{mt}^{MT*}$；相应地，有 $G^{MM*}>G^{MR*}=G^{MT*}$.

显然，在制造商主导的 3 种回收渠道中，制造商回收渠道（M-channel）的回收价格最高. 定理 3.2 表明，当制造商主导时，制造商回收渠道对资源节约和环境保护更有利.

**定理 3.3**　在制造商主导的三种回收渠道结构中，制造商的利润、零售商的利润和系统利润满足：$\pi_m^{MM*}>\pi_m^{MR*}=\pi_m^{MT*}$，$\pi_r^{MR*}>\pi_r^{MM*}=\pi_r^{MT*}$ 和 $\Pi^{C*}>\Pi^{MM*}>\Pi^{MR*}=\Pi^{MT*}$.

定理 3.3 给出当制造商主导闭环供应链时不同渠道结构中利润的比较. 除集中决策情形外，在制造商回收渠道中制造商的利润和系统的利润为最高. 也就是说，从制造商的角度和系统的角度来看，制造商主导时制造商回收渠道最有效. 本书得出了不同于经典论文 Savaskan 等[11]中关于零售商回收渠道最有效的结论. 得出不同结论的原因在于研究的背景不同. Savaskan 等[11]关注于低残值的废旧产品，其研究基于回收价格为固定常数的假设而展开. 而本书的研究是在回收价格由回收方决策的背景下而展开. 本书的结论对于回收定价背景下闭环供应链回收渠道的管理具有重要的借鉴意义.

**定理 3.4**　在制造商主导的三种回收渠道结构中，制造商的利润 $\pi_m^{MM*}$，$\pi_m^{MR*}$，$\pi_m^{MT*}$ 是关于消费者回收价格敏感系数 $h$ 的凸函数.

**证明**：在制造商回收渠道中 $\pi_m^{MM*}=\dfrac{P_f}{2}+P_r=\dfrac{(A-\alpha c_m)^2}{8\alpha}+\dfrac{(h\delta+k)^2}{4h}$，求 $\pi_m^{MM*}$ 关于 $h$ 的一阶导数 $\dfrac{d\pi_m^{MM*}}{dh}=\dfrac{(h\delta)^2-k^2}{4h^2}$，进一步有二阶导数为 $\dfrac{d^2\pi_m^{MM*}}{d^2h}=\dfrac{k^2}{2h^3}$. 不难发现 $\dfrac{d^2\pi_m^{MM*}}{d^2h}>0$，即制造商回收渠道中制造商的利润 $\pi_m^{MM*}$ 是消费者回收价格敏感系数 $h$ 的凸函数.

在零售商回收渠道中 $\pi_m^{MR*}=\dfrac{P_f+P_r}{2}=\dfrac{(A-\alpha c_m)^2}{8\alpha}+\dfrac{(h\delta+k)^2}{8h}$，求 $\pi_m^{MR*}$ 关于 $h$ 的一阶导数 $\dfrac{d\pi_m^{MR*}}{dh}=\dfrac{(h\delta)^2-k^2}{8h^2}$，进一步有二阶导数为 $\dfrac{d^2\pi_m^{MR*}}{d^2h}=\dfrac{k^2}{4h^3}$. 不难发现 $\dfrac{d^2\pi_m^{MR*}}{d^2h}>0$，即零售商回收渠道中制造商的利润 $\pi_m^{MR*}$ 是消费者回收价格敏感系数 $h$ 的凸函数. 类似可证，第三方回收渠道中制造商的利润 $\pi_m^{MT*}$ 是消费者回收价格敏感系数 $h$ 的凸函数. 证毕.

**定理 3.5**　在制造商主导的 3 种回收渠道结构中，系统的利润 $\Pi^{MM*}$，$\Pi^{MR*}$，$\Pi^{MT*}$ 是关于消费者回收价格敏感系数 $h$ 的凸函数.

**证明**：在制造商回收渠道中 $\Pi^{MM*}=\dfrac{3P_f}{4}+P_r=\dfrac{3(A-\alpha c_m)^2}{16\alpha}+\dfrac{(h\delta+k)^2}{4h}$，求 $\Pi^{MM*}$

关于 $h$ 的一阶导数$\frac{d\Pi^{MM*}}{dh}=\frac{(h\delta)^2-k^2}{4h^2}$，进一步有二阶导数为$\frac{d^2\Pi^{MM*}}{d^2h}=\frac{k^2}{2h^3}$. 不难发现$\frac{d^2\Pi^{MM*}}{d^2h}>0$，即制造商回收渠道中系统的利润 $\Pi^{MM*}$ 是消费者回收价格敏感系数 $h$ 的凸函数.

在零售商回收渠道中 $\Pi^{MR*}=\frac{3}{4}(P_f+P_r)=\frac{3(A-\alpha c_m)^2}{16\alpha}+\frac{3(h\delta+k)^2}{16h}$，求 $\Pi^{MR*}$ 关于 $h$ 的一阶导数$\frac{d\Pi^{MR*}}{dh}=\frac{3(h\delta)^2-3k^2}{16h^2}$，进一步有二阶导数为$\frac{d^2\Pi^{MR*}}{d^2h}=\frac{3k^2}{8h^3}$. 不难发现$\frac{d^2\Pi^{MR*}}{d^2h}>0$，即零售商回收渠道中系统的利润 $\Pi^{MR*}$ 是消费者回收价格敏感系数 $h$ 的凸函数. 类似可证，第三方回收渠道中系统的利润 $\Pi^{MT*}$ 是消费者回收价格敏感系数 $h$ 的凸函数. 证毕.

为了直观地展示在 3 种回收渠道中制造商的利润、系统的利润及其与消费者回收价格敏感系数的关系，下面进行数值仿真，如图 3.1 和图 3.2 所示. 参数的选取如下：$A=120$，$\alpha=10$，$k=10$，$c_m=10$，$c_0=6$，$\delta=4$.

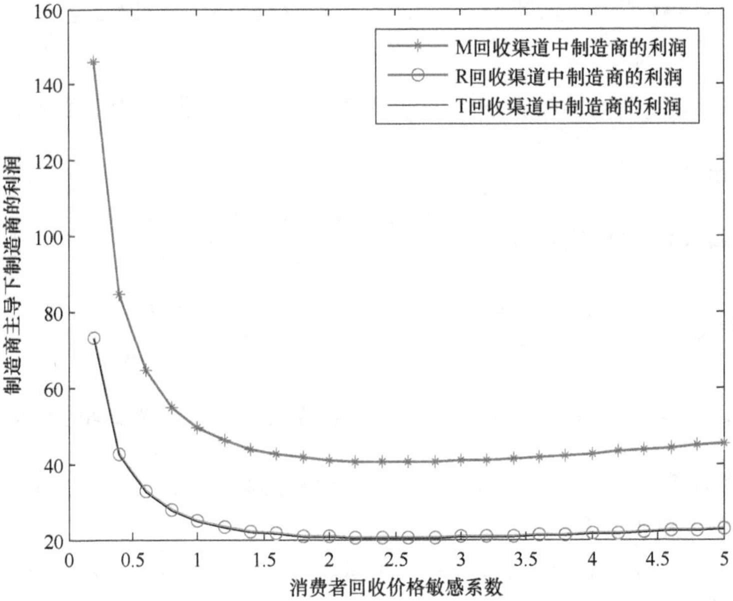


图 3.1　制造商主导下制造商的利润与消费者回收价格敏感系数

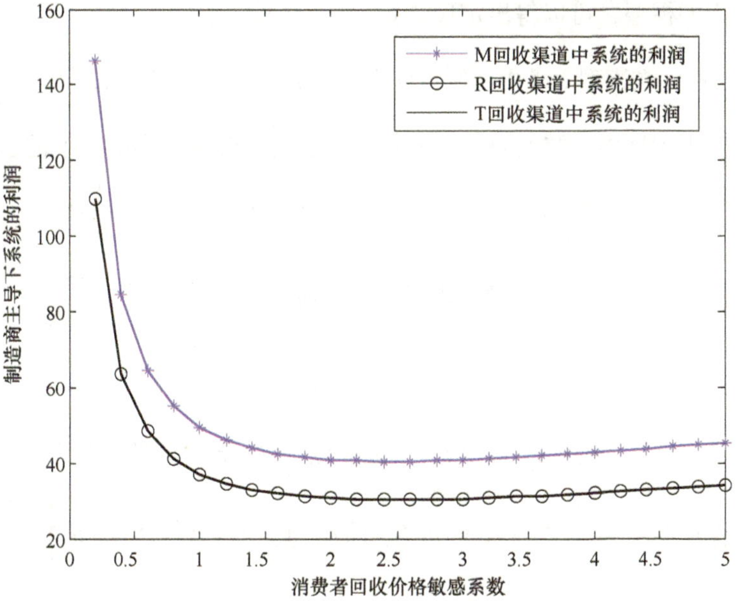


图 3.2　制造商主导下系统的利润与消费者回收价格敏感系数

## 3.4　契约设计

相比集中决策模型，在最优的回收渠道中闭环供应链系统仍存在绩效损失. 在这一节中，探讨最优回收渠道结构下闭环供应链协调机制的设计. 基于在实践中被广泛使用的二部制契约[135]探讨闭环供应链的协调. 在模型 MM 中，制造商作为渠道的主导者提供一个合适的契约 $\{w^{\mathrm{MMe}*};F^{\mathrm{MM}}\}$ 给作为跟从者的零售商. $w^{\mathrm{MMe}*}$代表批发价格，$F^{\mathrm{MM}}$代表零售商付给制造商的固定费用. 为取得闭环供应链的协调，零售价格和回收价格需与集中决策模型相等. 于是，建立协调问题的模型如下：

$$\max_{w,F}\pi_m^{\mathrm{MMe}}=(w-c_m)(A-\alpha p)+(\delta-b_m)(k+hb_m)+F$$

$$\text{s. t.}\begin{cases}\pi_r^{\mathrm{MMe}}=(p-w)(A-\alpha p)-F,\\ p^{\mathrm{MMe}*}=p^{\mathrm{C}*},\\ b_m^{\mathrm{MMe}*}=b^{\mathrm{C}*},\\ \pi_m^{\mathrm{MMe}}\geqslant\pi_m^{\mathrm{MM}*},\\ \pi_r^{\mathrm{MMe}}\geqslant\pi_r^{\mathrm{MM}*}.\end{cases}\tag{3.9}$$

由上面的模型，可以得出定理 3.6.

**定理 3.6** 在模型 MM 中，制造商提供二部制契约 $\{w^{\mathrm{MMe}*};F^{\mathrm{MM}}\}=\left\{c_m;\frac{3}{4}P_f\right\}$ 给零售商实现闭环供应链的协调，使得系统利润能够达到集中决策的水平. 相应地，制造商和零售商的利润分别为 $\pi_m^{\mathrm{MMe}*}=\frac{3}{4}P_f+P_r$ 和 $\pi_r^{\mathrm{MMe}*}=\frac{1}{4}P_f$.

**证明：** 由 $\pi_r^{\mathrm{MMe}}$ 的一阶条件可得零售商的最优反应函数 $\hat{p}^{\mathrm{MMe}}=\frac{\alpha w+A}{2\alpha}$. 令 $\hat{p}^{\mathrm{MMe}*}=p^{\mathrm{C}*}$，即 $p^{\mathrm{MMe}*}=\frac{A+\alpha c_m}{2\alpha}$，可得 $w^{\mathrm{MMe}*}=c_m$. 再令 $b_m^{\mathrm{MMe}*}=b^{\mathrm{C}*}$，有 $b_m^{\mathrm{MMe}*}=\frac{h\delta-k}{2h}$. 然后，将 $p^{\mathrm{MMe}*}$，$w^{\mathrm{MMe}*}$，$b_m^{\mathrm{MMe}*}$ 代入 $\pi_m^{\mathrm{MMe}}$ 和 $\pi_r^{\mathrm{MMe}}$ 可得 $\pi_m^{\mathrm{MMe}}=P_r+F$ 和 $\pi_r^{\mathrm{MMe}}=P_f-F$.

为了保证各方都有完成契约的积极性，契约参数 $F$ 应满足 $\begin{cases}\pi_m^{\mathrm{MMe}}\geqslant\pi_m^{\mathrm{MM}*},\\ \pi_r^{\mathrm{MMe}}\geqslant\pi_r^{\mathrm{MM}*},\end{cases}$ 即 $\begin{cases}P_r+F\geqslant P_f+P_r,\\ P_f-F\geqslant\frac{P_f}{4},\end{cases}$ 于是，可得参数 $F$ 的范围 $\frac{1}{2}P_f\leqslant F\leqslant\frac{3}{4}P_f$. 制造商最大化其利润，选择最大的固定费用契约参数 $F^{\mathrm{MM}}=\frac{3}{4}P_f$. 相应地，$\pi_m^{\mathrm{MMe}*}+\pi_r^{\mathrm{MMe}*}=P_f+P_r=\Pi^{\mathrm{C}*}$，系统利润达到集中决策时的最优水平. 证毕.

## 3.5 本章小结

本章在回收定价的背景下对制造商主导的闭环供应链回收渠道选择问题进行研究. 通过数学模型的建立，运用博弈论和数学优化方法对模型进行求解，以及对模型结果的分析，得出了一些具有实际意义和价值的结论，为企业决策提供参考和依据. 研究发现：

（1）在回收定价的背景下，制造商回收渠道最有效. 不同于回收价格为固定常数背景下的最优回收渠道，该结论对于闭环供应链回收渠道的管理有着重要的指导意义和参考价值.

（2）作为主导者的制造商通过二部制契约能够实现回收定价背景下闭环供应链的协调，使得系统效率达到集中决策时的最优水平.

# 第4章 零售商主导下回收渠道选择问题

在闭环供应链中常见的主导模式有制造商主导模式和零售商主导模式. 本章在回收定价的背景下，针对零售商主导的闭环供应链回收渠道选择问题展开研究. 更进一步地，本章将回答如下研究问题：同一种回收渠道结构下制造商主导模式和零售商主导模式哪一种更有效？在闭环供应链中主导权和回收权哪一个更重要？回收渠道与主导模式的最优组合是什么？本章结构安排如下：4.1 节对回收定价背景下零售商主导的闭环供应链回收渠道选择问题进行描述；4.2 节建立零售商主导模式下回收渠道选择问题模型并求解；4.3 节对模型结果进行比较，分析给出回收定价背景下零售商主导的闭环供应链最有效的回收渠道；4.4 节针对最有效的回收渠道结构进行协调契约的设计；4.5 节做进一步地拓展分析；4.6 节总结本章的结论.

## 4.1 问题描述和假设

伴随着下游力量的增强，零售商主导的供应链成为一个热门且重要的话题[136][137]. 本章考虑一个制造商和一个零售商组成的闭环供应链系统，零售商为供应链的主导者（R-led）. 在正向供应链中，制造商以批发价格 $w$ 委托零售商进行产品销售，零售商以零售商价格 $p$ 将产品销售给顾客；而在逆向供应链中，废旧产品的回收价格由回收方进行定价决策，废旧产品的回收方式有 3 种[11]，分别是制造商回收渠道（M-channel）、零售商回收渠道（R-channel）和第三方回收渠道（T-channel）：（1）在制造商回收渠道中，制造商以回收价格 $b_m$ 直接从顾客手中进行回收（模型 RM）；（2）在零售商回收渠道中，零售商以回收价

格 $b_r$ 从消费者手中回收废旧产品，再以回收转移价格 $b_{mr}$ 将废旧产品转给制造商（模型 RR）；(3) 在第三方回收渠道中，制造商以回收转移价格委托 $b_{mt}$ 委托第三方回收进行回收（模型 RT）.

相关假设与 3.1 节相同，不再赘述.

## 4.2 模型建立和求解

### 4.2.1 制造商回收渠道模型 RM

在如下的模型 RM 中，零售商作为闭环供应链的主导者（R-led）负责销售产品，制造商自己回收废旧产品（M-channel）. 于是，制造商的目标函数为

$$\max_{w,b_m}\pi_m^{\mathrm{RM}}=(w-c_m)(A-\alpha p)+(\delta-b_m)(k+hb_m). \tag{4.1}$$

零售商的目标函数为

$$\max_{p}\pi_r^{\mathrm{RM}}=(p-w)(A-\alpha p). \tag{4.2}$$

在模型 RM 中，决策顺序如下：首先，零售商由式（4.2）决策零售价格；然后，制造商由式（4.1）决策批发价格和回收价格. 依据逆向归纳法，得到引理 4.1.

**引理 4.1** 在模型 RM 中，最优的零售价格、批发价格和回收价格分别为 $p^{\mathrm{RM}*}=\dfrac{3A+\alpha c_m}{4\alpha}$，$w^{\mathrm{RM}*}=\dfrac{A+3\alpha c_m}{4\alpha}$，$b_m^{\mathrm{RM}*}=\dfrac{h\delta-k}{2h}$；均衡渠道利润为 $\pi_m^{\mathrm{RM}*}=\dfrac{P_f}{4}+P_r$，$\pi_r^{\mathrm{RM}*}=\dfrac{P_f}{2}$，$\Pi^{\mathrm{RM}*}=\dfrac{3P_f}{4}+P_r$.

**证明：** 依据逆向归纳法，由 $\pi_m^{\mathrm{RM}}$ 的一阶条件可得制造商的最优反应函数 $\hat{w}^{\mathrm{RM}}=\dfrac{A-\alpha p+\alpha c_m}{\alpha}$ 和 $\hat{b}_m^{\mathrm{RM}}=\dfrac{h\delta-k}{2h}$.

将 $\hat{w}^{\mathrm{RM}}$ 代入 $\pi_r^{\mathrm{RM}}$，由一阶条件可得 $p^{\mathrm{RM}*}=\dfrac{3A+\alpha c_m}{4\alpha}$.

将 $p^{\mathrm{RM}*}$ 代入 $\hat{w}^{\mathrm{RM}}$，可得 $\begin{cases} w^{\mathrm{RM}*}=\dfrac{A+3\alpha c_m}{4\alpha}, \\ b_m^{\mathrm{RM}*}=\dfrac{h\delta-k}{2h}. \end{cases}$

将 $w^{\mathrm{RM}*}$，$b_m^{\mathrm{RM}*}$ 和 $p^{\mathrm{RM}*}$ 代入 $\pi_m^{\mathrm{RM}}$ 和 $\pi_r^{\mathrm{RM}}$，可得 $\pi_m^{\mathrm{RM}*}=\dfrac{P_f}{4}+P_r$，$\pi_r^{\mathrm{RM}*}=\dfrac{P_f}{2}$ 和

$\Pi^{\mathrm{RM}*}=\dfrac{3P_f}{4}+P_r$. 证毕.

### 4.2.2　零售商回收渠道模型 RR

在如下的模型 RR 中，零售商作为闭环供应链的主导者（R-led）从事产品的销售，同时还负责废旧产品的回收（R-channel）.

于是，制造商的目标函数为

$$\max_{w,b_{mr}}\pi_m^{\mathrm{RR}}=(w-c_m)(A-\alpha p)+(\delta-b_{mr})(k+hb_r).\tag{4.3}$$

零售商的利润函数为

$$\max_{p,b_r}\pi_r^{\mathrm{RR}}=(p-w)(A-\alpha p)+(b_{mr}-b_r)(k+hb_r).\tag{4.4}$$

决策顺序如下：首先，零售商由式（4.4）决策零售价格和回收价格；然后，制造商由式（4.3）决策批发价格和回收转移价格. 依据逆向归纳法，可得引理 4.2.

**引理 4.2**　在模型 RR 中，最优的零售价格、回收价格、批发价格和回收转移价格分别为 $p^{\mathrm{RR}*}=\dfrac{3A+\alpha c_m}{4\alpha}$，$b_r^{\mathrm{RR}*}=\dfrac{h\delta-3k}{4h}$，$w^{\mathrm{RR}*}=\dfrac{A+3\alpha c_m}{4\alpha}$，$b_{mr}^{\mathrm{RR}*}=\dfrac{3h\delta-k}{4h}$；均衡渠道利润为 $\pi_m^{\mathrm{RR}*}=\dfrac{1}{4}(P_f+P_r)$，$\pi_r^{\mathrm{RR}*}=\dfrac{1}{2}(P_f+P_r)$，$\Pi^{\mathrm{RR}*}=\dfrac{3}{4}(P_f+P_r)$.

**证明：** 依据逆向归纳法，由 $\pi_m^{\mathrm{RR}}$ 的一阶条件可得制造商的最优反应函数 $\begin{cases}\hat{w}^{\mathrm{RR}}=\dfrac{A-\alpha p+\alpha c_m}{\alpha},\\ \hat{b}_{mr}^{\mathrm{RR}}=\dfrac{h\delta-k-hb_r}{h}.\end{cases}$ 将它们代入 $\pi_r^{\mathrm{RR}}$，由一阶条件可得 $\begin{cases}p^{\mathrm{RR}*}=\dfrac{3A+\alpha c_m}{4\alpha},\\ b_r^{\mathrm{RR}*}=\dfrac{h\delta-3k}{4h}.\end{cases}$

将 $p^{\mathrm{RR}*}$ 和 $b_r^{\mathrm{RR}*}$ 代入 $\hat{w}^{\mathrm{RR}}$ 和 $\hat{b}_{mr}^{\mathrm{RR}}$，得到 $\begin{cases}w^{\mathrm{RR}*}=\dfrac{A+3\alpha c_m}{4\alpha},\\ b_{mr}^{\mathrm{RR}*}=\dfrac{3h\delta-k}{4h}.\end{cases}$

将 $w^{\mathrm{RR}*}$，$b_{mr}^{\mathrm{RR}*}$ 和 $p^{\mathrm{RR}*}$，$b_r^{\mathrm{RR}*}$ 代入 $\pi_m^{\mathrm{RR}}$ 和 $\pi_r^{\mathrm{RR}}$，可得 $\pi_m^{\mathrm{RR}*}=\dfrac{1}{4}(P_f+P_r)$，$\pi_r^{\mathrm{RR}*}=\dfrac{1}{2}(P_f+P_r)$ 和 $\Pi^{\mathrm{RR}*}=\dfrac{3}{4}(P_f+P_r)$. 证毕.

### 4.2.3　第三方回收渠道模型 RT

在如下的模型 RT 中，零售商作为闭环供应链的主导者（R-led）负责产品销售，第三方回收商负责废旧产品回收（T-channel）.

于是，制造商的目标函数为

$$\max_{w,b_{mt}}\pi_m^{\mathrm{RT}}=(w-c_m)(A-\alpha p)+(\delta-b_{mt})(k+hb_t).\tag{4.5}$$

零售商的利润函数为

$$\max_{p}\pi_r^{\mathrm{RT}}=(p-w)(A-\alpha p).\tag{4.6}$$

第三方回收商的利润函数为

$$\max_{b_t}\pi_t^{\mathrm{RT}}=(b_{mt}-b_t)(k+hb_t).\tag{4.7}$$

决策顺序如下：首先，零售商由式（4.6）决策零售价格；然后，制造商由式（4.5）决策批发价格和回收转移价格，同时第三方由式（4.7）决策回收价格. 依据逆向归纳法，可得引理 4.3.

**引理 4.3** 在模型 RT 中，最优的零售价格、回收价格、批发价格和回收转移价格分别是 $p^{\mathrm{RT}*}=\dfrac{3A+\alpha c_m}{4\alpha}$，$b_t^{\mathrm{RT}*}=\dfrac{h\delta-3k}{4h}$，$w^{\mathrm{RT}*}=\dfrac{A+3\alpha c_m}{4\alpha}$，$b_{mt}^{\mathrm{RT}*}=\dfrac{h\delta-k}{2h}$；均衡的渠道利润为 $\pi_m^{\mathrm{RT}*}=\dfrac{P_f}{4}+\dfrac{P_r}{2}$，$\pi_r^{\mathrm{RT}*}=\dfrac{P_f}{2}$，$\pi_t^{\mathrm{RT}*}=\dfrac{P_r}{4}$，$\Pi^{\mathrm{RT}*}=\dfrac{3}{4}(P_f+P_r)$.

**证明：** 依据逆向归纳法，由 $\pi_t^{\mathrm{RT}}$ 的一阶条件可得第三方的最优反应函数 $\hat{b}_t^{\mathrm{RT}}=\dfrac{hb_{mt}-k}{2h}$.

将 $\hat{b}_t^{\mathrm{RT}}$ 代入 $\pi_m^{\mathrm{RT}}$，由一阶条件可得 $\hat{w}^{\mathrm{RT}}=\dfrac{A-\alpha p+\alpha c_m}{\alpha}$和 $b_{mt}^{\mathrm{RT}*}=\dfrac{h\delta-k}{2h}$.

将 $\hat{w}^{\mathrm{RT}}$代入 $\pi_r^{\mathrm{RT}}$，由一阶条件可得 $p^{\mathrm{RT}*}=\dfrac{3A+\alpha c_m}{4\alpha}$.

将 $b_{mt}^{\mathrm{RT}*}$代入 $\hat{b}_t^{\mathrm{RT}}$，得到 $b_t^{\mathrm{RT}*}=\dfrac{h\delta-3k}{4h}$. 将 $p^{\mathrm{RT}*}$代入 $\hat{w}^{\mathrm{RT}}$，得到 $w^{\mathrm{RT}*}=\dfrac{A+3\alpha c_m}{4\alpha}$.

将 $w^{\mathrm{RT}*}$，$b_{mt}^{\mathrm{RT}*}$和 $p^{\mathrm{RT}*}$，$b_t^{\mathrm{RT}*}$代入 $\pi_m^{\mathrm{RT}}$ 和 $\pi_r^{\mathrm{RT}}$，可得 $\pi_m^{\mathrm{RT}*}=\dfrac{P_f}{4}+\dfrac{P_r}{2}$，$\pi_r^{\mathrm{RT}*}=\dfrac{P_f}{2}$，$\pi_t^{\mathrm{RT}*}=\dfrac{1}{4}P_r$ 和 $\Pi^{\mathrm{RT}*}=\dfrac{3}{4}(P_f+P_r)$. 证毕.

## 4.3 结果分析

将零售商主导模式下闭环供应链 3 种回收渠道模型的结果归纳于表格中，

见表 4.1.

**表 4.1　零售商主导的闭环供应链模型的主要结果**

| | 模型 RM | 模型 RR | 模型 RT |
|---|---|---|---|
| $p^*$ | $p^{RM*}=\frac{3A+\alpha c_m}{4\alpha}$ | $p^{RR*}=\frac{3A+\alpha c_m}{4\alpha}$ | $p^{RT*}=\frac{3A+\alpha c_m}{4\alpha}$ |
| $b_i^*$ | $b_m^{RM*}=\frac{h\delta-k}{2h}$ | $b_r^{RR*}=\frac{h\delta-3k}{4h}$ | $b_t^{RT*}=\frac{h\delta-3k}{4h}$ |
| $w^*$ | $w^{RM*}=\frac{A+3\alpha c_m}{4\alpha}$ | $w^{RR*}=\frac{A+3\alpha c_m}{4\alpha}$ | $w^{RT*}=\frac{A+3\alpha c_m}{4\alpha}$ |
| $b_{mj}^*$ | N/A | $b_{mr}^{RR*}=\frac{3h\delta-k}{4h}$ | $b_{mt}^{RT*}=\frac{h\delta-k}{2h}$ |
| $\pi_m^*$ | $\pi_m^{RM*}=\frac{P_f}{4}+P_r$ | $\pi_m^{RR*}=\frac{1}{4}(P_f+P_r)$ | $\pi_m^{RT*}=\frac{P_f}{4}+\frac{P_r}{2}$ |
| $\pi_r^*$ | $\pi_r^{RM*}=\frac{P_f}{2}$ | $\pi_r^{RR*}=\frac{1}{2}(P_f+P_r)$ | $\pi_r^{RT*}=\frac{P_f}{2}$ |
| $\pi_t^*$ | N/A | N/A | $\pi_t^{RT*}=\frac{P_r}{4}$ |
| $\Pi^*$ | $\Pi^{RM*}=\frac{3P_f}{4}+P_r$ | $\Pi^{RR*}=\frac{3}{4}(P_f+P_r)$ | $\Pi^{RT*}=\frac{3}{4}(P_f+P_r)$ |

基于表 4.1 通过比较零售商主导模式下的 3 种回收渠道的结果，可以得出如下重要结论：

**定理 4.1**　在零售商主导的 3 种回收渠道结构中，最优的零售价格和批发价格满足：$p^{RM*}=p^{RR*}=p^{RT*}$ 和 $w^{RM*}=w^{RR*}=w^{RT*}$.

显然，3 种回收渠道中的零售价格和批发价格都是相同的. 定理 4.1 表明，零售商主导模式下回收渠道的选择对于正向供应链的价格决策没有影响.

**定理 4.2**　在零售商主导的 3 种回收渠道结构中，最优的回收价格和回收转移价格满足：$b_m^{RM*}>b_r^{RR*}=b_t^{RT*}$；相应地，回收量满足 $G^{RM*}>G^{RR*}=G^{RT*}$.

显然，在零售商主导的三种回收渠道中，制造商回收渠道（M-channel）的回收价格最高. 这表明，当零售商主导时，制造商回收渠道对资源节约和环境保护更有利.

**定理 4.3**　在零售商主导的三种回收渠道结构中，制造商的利润、零售商的利润和系统利润满足：$\pi_m^{RM*}>\pi_m^{RT*}>\pi_m^{RR*}$，$\pi_r^{RR*}>\pi_r^{RM*}=\pi_r^{RT*}$ 和 $\Pi^{C*}>\Pi^{RM*}>$

$\Pi^{RR*}=\Pi^{RT*}$.

定理 4.3 给出当零售商主导闭环供应链时不同渠道结构中利润的排序. 不难发现, 从制造商的角度和系统的角度来看, 当零售商主导闭环供应链时制造商回收渠道最有效. 结合定理 3.3 发现无论谁主导闭环供应链, 制造商回收渠道都是最有效的. 也就是说, 主导权的转移并没有影响制造商回收渠道的最优性.

**定理 4.4** 在制造零售商主导的三种回收渠道结构中, 制造商的利润 $\pi_m^{RM*}$, $\pi_m^{RR*}$, $\pi_m^{RT*}$ 是关于消费者回收价格敏感系数 $h$ 的凸函数.

**证明**: 在制造商回收渠道中 $\pi_m^{RM*}=\frac{P_f}{4}+P_r=\frac{(A-\alpha c_m)^2}{16\alpha}+\frac{(h\delta+k)^2}{4h}$, 求 $\pi_m^{RM*}$ 关于 $h$ 的一阶导数 $\frac{d\pi_m^{RM*}}{dh}=\frac{(h\delta)^2-k^2}{4h^2}$, 进一步有二阶导数为 $\frac{d^2\pi_m^{RM*}}{d^2h}=\frac{k^2}{2h^3}$. 不难发现 $\frac{d^2\pi_m^{RM*}}{d^2h}>0$, 即制造商回收渠道中制造商的利润 $\pi_m^{RM*}$ 是消费者回收价格敏感系数 $h$ 的凸函数.

在零售商回收渠道中 $\pi_m^{RR*}=\frac{P_f+P_r}{4}=\frac{(A-\alpha c_m)^2}{16\alpha}+\frac{(h\delta+k)^2}{16h}$, 求 $\pi_m^{RR*}$ 关于 $h$ 的一阶导数 $\frac{d\pi_m^{RR*}}{dh}=\frac{(h\delta)^2-k^2}{16h^2}$, 进一步有二阶导数为 $\frac{d^2\pi_m^{RR*}}{d^2h}=\frac{k^2}{8h^3}$. 不难发现 $\frac{d^2\pi_m^{RR*}}{d^2h}>0$, 即零售商回收渠道中制造商的利润 $\pi_m^{RR*}$ 是消费者回收价格敏感系数 $h$ 的凸函数.

在第三方回收渠道中制造商的利润 $\pi_m^{RT*}=\frac{P_f}{4}+\frac{P_r}{2}=\frac{(A-\alpha c_m)^2}{16\alpha}+\frac{(h\delta+k)^2}{8h}$ 求 $\pi_m^{RT*}$ 关于 $h$ 的一阶导数 $\frac{d\pi_m^{RT*}}{dh}=\frac{(h\delta)^2-k^2}{8h^2}$, 进一步有二阶导数为 $\frac{d^2\pi_m^{RT*}}{d^2h}=\frac{k^2}{4h^3}$. 不难发现 $\frac{d^2\pi_m^{RT*}}{d^2h}>0$, 即零售商回收渠道中制造商的利润 $\pi_m^{RT*}$ 是消费者回收价格敏感系数 $h$ 的凸函数. 是消费者回收价格敏感系数 $h$ 的凸函数. 证毕.

**定理 4.5** 在零售商主导的三种回收渠道结构中, 系统的利润 $\Pi^{RM*}$, $\Pi^{RR*}$, $\Pi^{RT*}$ 是关于消费者回收价格敏感系数 $h$ 的凸函数.

**证明**: 在制造商回收渠道中 $\Pi^{RM*}=\frac{3P_f}{4}+P_r=\frac{3(A-\alpha c_m)^2}{16\alpha}+\frac{(h\delta+k)^2}{4h}$, 求 $\Pi^{RM*}$

关于 $h$ 的一阶导数$\frac{\mathrm{d}\Pi^{\mathrm{RM}*}}{\mathrm{d}h}=\frac{(h\delta)^2-k^2}{4h^2}$，进一步有二阶导数为$\frac{\mathrm{d}^2\Pi^{\mathrm{RM}*}}{\mathrm{d}^2h}=\frac{k^2}{2h^3}$. 不难发现$\frac{\mathrm{d}^2\Pi^{\mathrm{RM}*}}{\mathrm{d}^2h}>0$，即制造商回收渠道中系统的利润 $\Pi^{\mathrm{RM}*}$ 是消费者回收价格敏感系数 $h$ 的凸函数.

在零售商回收渠道中 $\Pi^{\mathrm{RR}*}=\frac{3}{4}(P_f+P_r)=\frac{3(A-\alpha c_m)^2}{16\alpha}+\frac{3(h\delta+k)^2}{16h}$，求 $\Pi^{\mathrm{RR}*}$ 关于 $h$ 的一阶导数$\frac{\mathrm{d}\Pi^{\mathrm{RR}*}}{\mathrm{d}h}=\frac{3(h\delta)^2-3k^2}{16h^2}$，进一步有二阶导数为$\frac{\mathrm{d}^2\Pi^{\mathrm{RR}*}}{\mathrm{d}^2h}=\frac{3k^2}{8h^3}$. 不难发现$\frac{\mathrm{d}^2\Pi^{\mathrm{RR}*}}{\mathrm{d}^2h}>0$，即零售商回收渠道中系统的利润 $\Pi^{\mathrm{RR}*}$ 是消费者回收价格敏感系数 $h$ 的凸函数. 类似可证，第三方回收渠道中系统的利润 $\Pi^{\mathrm{RT}*}$ 是消费者回收价格敏感系数 $h$ 的凸函数. 证毕.

为了形象地展示在 3 种回收渠道中制造商的利润、系统的利润及其与消费者回收价格敏感系数的关系，下面进行数值仿真，如图 4.1 和图 4.2 所示. 参数的选取如下：$A=120$，$\alpha=10$，$k=10$，$c_m=10$，$c_0=6$，$\delta=4$.

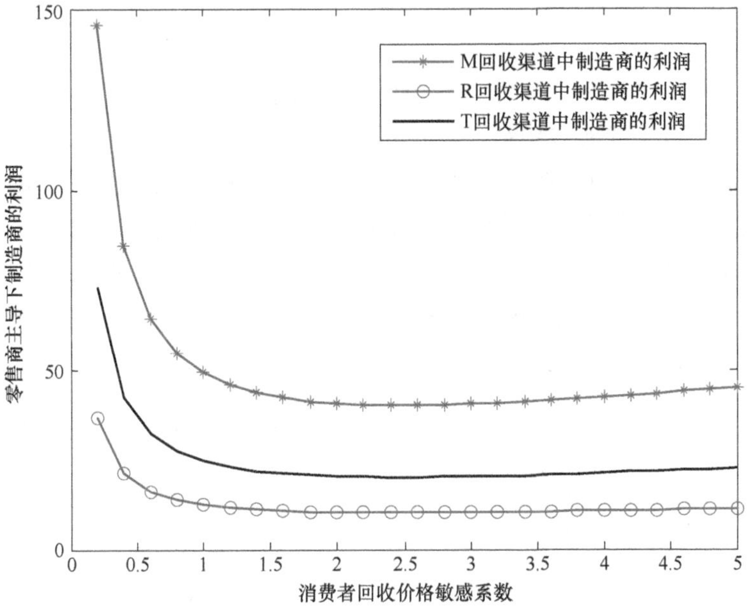


图 4.1　零售商主导下制造商的利润与消费者回收价格敏感系数

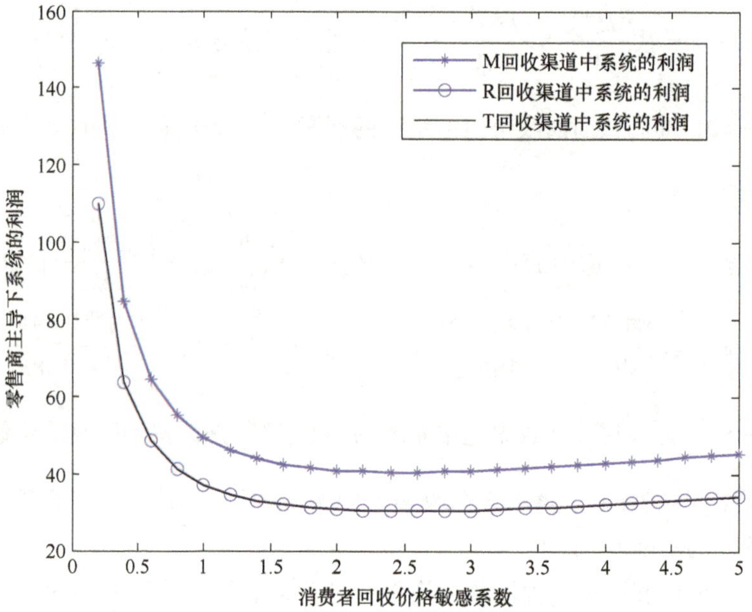


图 4.2　零售商主导下系统的利润与消费者回收价格敏感系数

## 4.4　契约设计

相比集中决策模型，在最优的回收渠道中闭环供应链系统仍存在绩效损失. 在这一节中，基于在实践中被广泛使用的二部制契约[130]探讨闭环供应链的协调. 在模型 RM 中，制造商作为渠道的主导者提供一个合适的契约 $\{p^{\mathrm{RMe}*};F^{\mathrm{RM}}\}$ 给作为跟从者的零售商. $p^{\mathrm{RMe}*}$ 代表零售价格，$F^{\mathrm{RM}}$ 代表制造商付给零售商的固定费用. 为取得闭环供应链的协调，零售价格和回收价格需与集中决策模型 C 相等. 于是，建立协调问题的模型如下：

$$\max_{p,F}\pi_r^{\mathrm{RMe}}=(p-w)(A-\alpha p)+F$$

$$\text{s. t.}\begin{cases}\pi_m^{\mathrm{RMe}}=(w-c_m)(A-\alpha p)+(\delta-b_m)(k+hb_m)-F,\\ p^{\mathrm{RMe}*}=p^{\mathrm{C}*},\\ b_m^{\mathrm{RMe}*}=b^{\mathrm{C}*},\\ \pi_m^{\mathrm{RMe}}\geqslant\pi_m^{\mathrm{RM}*},\\ \pi_r^{\mathrm{RMe}}\geqslant\pi_r^{\mathrm{RM}*},\\ (w^{\mathrm{RMe}*})=\operatorname{argmax}\{\pi_m^{\mathrm{RMe}}\}.\end{cases}$$

由上面的模型，可以得出定理 4.6.

**定理 4.6**　在模型 RM 中，零售商提供二部制契约 $\{w^{MMe*};F^{MM}\}=\left\{c_m;\frac{3}{4}P_f\right\}$ 给零售商能够实现闭环供应链的协调，使得系统利润能够达到集中决策的水平. 相应地，制造商和零售商的利润分别为 $\pi_m^{RMe*}=\frac{P_f+P_r}{2}$，$\pi_r^{RMe*}=\frac{P_f+P_r}{2}$.

**证明：** 由 $\pi_m^{RMe}$ 的一阶条件可得制造商的最优反应函数 $\begin{cases}\hat{w}=\dfrac{A-\alpha p+\alpha c_m}{\alpha},\\ b_m^{RMe*}=\dfrac{h\delta-k}{2h}.\end{cases}$ 令 $p=p^{C*}$，可得 $w^{RMe*}=\frac{A+\alpha c_m}{2\alpha}$. 将 $p^{C*}$，$w^{RMe*}$，$b_m^{RMe*}$ 代入 $\pi_m^{RMe}$ 和 $\pi_r^{RMe}$，可得 $\pi_m^{RMe}=F$ 和 $\pi_r^{RMe}=P_f+P_r-F$.

为了保证各方都有完成契约的积极性，契约参数 $F$ 应满足 $\begin{cases}\pi_m^{RMe}\geqslant\pi_m^{RM*},\\ \pi_r^{RMe}\geqslant\pi_r^{RM*},\end{cases}$ 即 $\begin{cases}F\geqslant\dfrac{P_f+P_r}{4},\\ P_f+P_r-F\geqslant\dfrac{P_f+P_r}{2}.\end{cases}$ 于是，可得参数 $F$ 的范围 $\frac{P_f+P_r}{4}\leqslant F\leqslant\frac{P_f+P_r}{2}$. 零售商最大化其利润，选择最大的固定费用契约参数 $F^{RM}=\frac{P_f+P_r}{2}$. 相应地，$\pi_m^{RMe*}+\pi_r^{RMe*}=P_f+P_r=\Pi^{C*}$，系统利润达到集中决策时的最优水平. 证毕.

## 4.5　拓展研究

本节将第 3 章和第 4 章的结论进行横向比较，对同一种回收渠道结构下两种不同主导模式的闭环供应链进行分析.

**定理 4.7**　在同一回收渠道中，不同的主导模式下制造商的利润和零售商的利润分别满足：$\pi_m^{MM*}>\pi_m^{RM*}$，$\pi_m^{MR*}>\pi_m^{RR*}$，$\pi_m^{MT*}>\pi_m^{RT*}$ 和 $\pi_r^{RM*}>\pi_r^{MM*}$，$\pi_r^{RR*}>\pi_r^{MR*}$，$\pi_r^{RT*}>\pi_r^{MT*}$.

容易看出，无论在何种回收渠道中，制造商主导模式下制造商的利润高于零售商主导模式. 类似地，在零售商主导模式下零售商的利润高于制造商主导模式. 定理 4.7 表明，不管回收渠道结构如何，渠道领导者都会获得大部分的渠道利润. 这一结果为“在闭环供应链中渠道主导地位的争夺是激烈的”提供了科学的证据.

**定理 4.8** 在主导模式与回收渠道的不同组合中，系统利润满足 $\Pi^{C*}>\Pi^{MM*}=\Pi^{RM*}>\Pi^{RR*}=\Pi^{MR*}=\Pi^{MT*}=\Pi^{RT*}$.

定理 4.8 揭示了在主导模式与回收渠道的不同组合中闭环供应链系统利润的排序. 可以看到，对于系统而言，除集中决策外，模型 MM 和模型 RM 是最优的. 也就是说，只要是制造商回收渠道结构被采用，无论谁主导系统都会取得最优的绩效水平. 这一发现带来了新的启示，对于闭环供应链系统而言，回收渠道结构（制造商回收）比主导模式更重要. 此结论为政府制定激励政策，促进制造商回收渠道的结构的闭环供应链发展提供了参考和依据.

更进一步地，对于制造商和零售商而言主导权力与回收权力，哪一个更重要？为了回答这一问题，我们先定义 $v=\dfrac{P_f}{P_r}$，用 $v$ 表示正向渠道利润与逆向渠道利润的比. 于是，可得如下有趣的结论.

**定理 4.9** 在主导模式与回收渠道的不同组合下，制造商的利润满足：当 $v<2$ 时，$\pi_m^{MM*}>\pi_m^{RM*}>\pi_m^{MR*}>\pi_m^{MT*}=\pi_m^{RT*}>\pi_m^{RR*}$；当 $v>2$ 时，$\pi_m^{MM*}>\pi_m^{MR*}>\pi_m^{RM*}>\pi_m^{MT*}=\pi_m^{RT*}>\pi_m^{RR*}$.

证明：显然，$\pi_m^{MM*}$ 最大，$\pi_m^{RR*}$ 最小，且有 $\pi_m^{MT*}=\pi_m^{RT*}>\pi_m^{RR*}$.

由 $\pi_m^{RM*}=\dfrac{P_f}{4}+P_r$ 和 $\pi_m^{MR*}=\dfrac{P_f+P_r}{2}$，做差得到 $\pi_m^{RM*}-\pi_m^{MR*}=\dfrac{P_r}{2}-\dfrac{P_f}{4}$.

当$\dfrac{P_f}{P_r}=v<2$ 时，有 $\pi_m^{RM*}>\pi_m^{MR*}$；当$\dfrac{P_f}{P_r}=v>2$ 时，有 $\pi_m^{RM*}<\pi_m^{MR*}$. 证毕.

由定理 4.9 不难发现，模型 MM 对制造商而言总是最优的. $v=2$ 是制造商面对次优选择时，制造商衡量主导权力和回收权力重要性的关键值. 当 $v<2$ 时，模型 RM 对制造商是次优的. 当 $v>2$ 时，模型 MR 对制造商是次优的. 也就是说，当逆向渠道的利润少于正向渠道利润的两倍时，对于制造商而言回收权力比主导权力更重要；当正向渠道的利润高于逆向渠道利润的两倍时，对于制造商而言主导权力比回收权力更重要（见图 4.3）.

**定理 4.10** 在主导模式与回收渠道的不同组合下，零售商的利润满足：当 $v<1$ 时，$\pi_r^{RR*}>\pi_r^{MR*}>\pi_r^{RM*}=\pi_r^{RT*}>\pi_r^{MT*}=\pi_r^{MM*}$；当 $v>1$ 时，$\pi_r^{RR*}>\pi_r^{RM*}=\pi_r^{RT*}>\pi_r^{MR*}>\pi_r^{MT*}=\pi_r^{MM*}$.

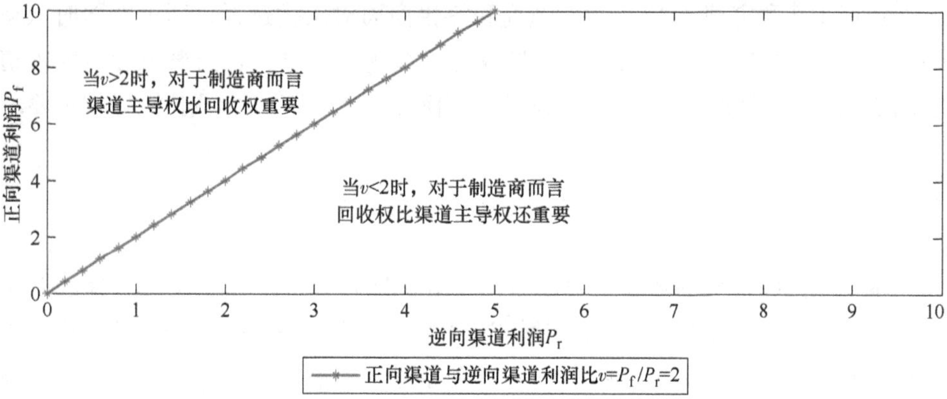


图 4.3　制造商对主导权力与回收权力的权衡

证明：显然，$\pi_r^{RR*}$ 最大，$\pi_r^{MT*}=\pi_r^{MM*}$ 最小.

由 $\pi_r^{MR*}=\dfrac{P_f+P_r}{4}$和 $\pi_r^{RM*}=\pi_r^{RT*}=\dfrac{P_f}{2}$，做差得到 $\pi_r^{MR*}-\pi_r^{RM*}=\dfrac{P_r}{4}-\dfrac{P_f}{4}$.

当$\dfrac{P_f}{P_r}=v<1$ 时，有 $\pi_r^{MR*}>\pi_r^{RM*}=\pi_r^{RT*}$；当$\dfrac{P_f}{P_r}=v>1$ 时，有 $\pi_r^{MR*}<\pi_r^{RM*}=\pi_r^{RT*}$.

证毕.

由定理 4.10 不难发现，模型 RR 对零售商而言总是最优的，$v=1$ 是零售商面对次优选择时，零售商衡量主导权力和回收权力重要性的关键值. 当 $v<1$ 时，模型 MR 对零售商是次优的. 当 $v>1$ 时，模型 RM 对零售商是次优的. 也就是说，当逆向渠道的利润高于正向渠道利润时，对于零售商而言回收权力比主导权力更重要；当正向渠道的利润高于逆向渠道利润时，对于零售商而言主导权力比回收权力更重要（见图 4.4）.

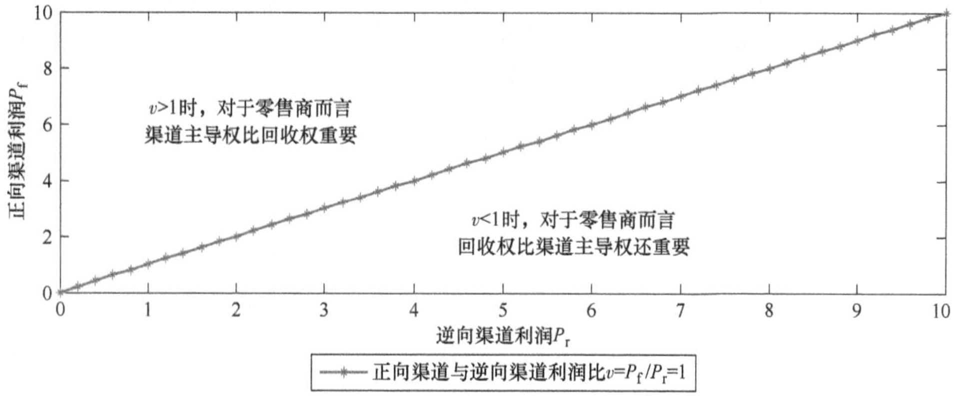


图 4.4　零售商对主导权力与回收权力的权衡

定理 4.9 和定理 4.10 给出制造商和零售商面对次优选择，即不能同时获得回收权和主导权时对回收权力和主导权力的权衡，取决于正向渠道和逆向渠道利润之比. 也就是说，对于制造商和零售商而言，获得回收权或比主导权重要.

## 4.6 本章小结

本章在回收定价的背景下对零售商主导的闭环供应链回收渠道选择问题进行研究. 通过构建数学模型，运用博弈论和数学优化方法求解模型，并对模型结果进行对比分析，得出了一些具有一定实际意义和价值的结论，为企业和政府的管理决策提供依据. 研究发现：

（1）在回收定价的背景下，制造商回收渠道最有效. 并且这与闭环供应链由制造商主导还是零售商主导无关，即在回收定价的背景下制造商回收渠道是最好的选择.

（2）在回收定价的背景下，主导模式与回收渠道结构的最优组合有两个，分别是制造商主导制造商回收模式和零售商主导制造商回收模式.

（3）对于闭环供应链系统而言，回收渠道结构比主导模式更重要. 无论是制造商主导还是零售商主导模式，只要回收渠道结构为制造商回收，系统效率就会达到最优. 这一结论为政府制定激励政策，促进制造商回收渠道结构的闭环供应链发展提供了参考和依据.

（4）对于制造商和零售商而言，回收权或比主导权重要. 当制造商和零售商面对次优选择，即不能同时获得回收权和主导权时对回收权力和主导权力的权衡，取决于正向渠道和逆向渠道利润之比.

（5）二部制契约能够实现回收定价背景下零售商主导的闭环供应链的协调，使得系统效率达到集中决策时的最优水平.

# 第5章 制造商主导下零售商竞争偏好的回收渠道选择问题

建立有效的回收渠道对于闭环供应链至关重要[9]. 在回收渠道的选择中的行为偏好——竞争偏好不容忽视. 竞争偏好[15]属于利润分配偏好一类[12]，普遍存在于闭环供应链之中. 竞争偏好行为可以忽视吗？竞争偏好给闭环供应链的定价决策和效率带来怎样的影响？竞争偏好行为的本质是什么？竞争偏好行为如何影响闭环供应链回收渠道的选择？涉及竞争行为的闭环供应链系统能否实现协调以及如何协调？这些都是闭环供应链管理中值得研究的重要问题.

本章在制造商主导的闭环供应链中，探究零售商的竞争偏好对闭环供应链的影响. 本章结构安排如下：5.1 节对制造商主导且零售商竞争偏好的闭环供应链回收渠道选择问题进行描述；5.2 节针对制造商回收渠道结构，建立制造商考虑和不考虑零售商的竞争偏好行为的数学模型，并给出模型的最优解；5.3 节针对零售商回收渠道结构，建立制造商考虑和不考虑零售商的竞争偏好行为的数学模型，并给出模型的最优解；5.4 节针对第三方回收渠道结构，建立制造商考虑和不考虑零售商的竞争偏好行为的数学模型，并给出模型的最优解；5.5 节对模型的结果进行比较，分析竞争偏好行为的本质、分析竞争偏好对定价决策和绩效的影响、分析零售商竞争偏好时最有效的回收渠道；5.6 节进行协调契约的设计，分析竞争偏好行为对契约协调的影响、分析契约协调下竞争偏好对闭环供应链回收渠道选择的影响；5.7 节总结本章的结论.

## 5.1 问题描述和假设

考虑由一个主导的制造商和一个作为跟从者的零售商组成的闭环供应链系统，零售商在与制造商合作的过程中因渠道利润的分配体现出竞争偏好行为（用 λ 来刻画零售商的竞争偏好强度，其效用函数见 2.1.2 节）．在正向渠道中，制造商通过零售商销售产品给顾客．在逆向渠道中，废旧产品的回收价格由回收方进行定价决策，废旧产品的回收方式有 3 种，分别是[11]制造商回收渠道（M-channel）、零售商回收渠道（R-channel）和第三方回收回收渠道（T-channel）．面对零售商的竞争偏好行为，作为主导者的制造商有两种可能的选择：一是，对零售商的竞争偏好行为视而不见，不予以考虑，即制造商基于零售商的利润函数进行决策．二是，对零售商的竞争偏好行为予以考虑，即制造商在决策时将零售商的效用函数纳入决策系统．为了将两种情景下的数学模型进行区分，使用上标“~”代表制造商不考虑零售商的竞争偏好行为的情景；使用上标“-”代表制造商考虑零售商的竞争偏好行为的情景．

相关假设与 3.1 节相同，不再赘述．

接下来，将分别在 3 种回收渠道结构中建立两种情景下的 6 种模型：制造商回收渠道下制造商不考虑零售商竞争偏好行为的模型 $MM^{\#}$和制造商考虑零售商竞争偏好行为模型 $MM^{*}$；零售商回收渠道结构下制造商不考虑零售商竞争偏好行为的模型 $MR^{\#}$和制造商考虑零售商竞争偏好行为模型 $MR^{*}$；第三方回收渠道结构下制造商不考虑零售商竞争偏好行为的模型 $MT^{\#}$和制造商考虑零售商竞争偏好行为模型 $MT^{*}$.

## 5.2 制造商回收渠道模型

在制造商回收渠道中，制造商从事废旧产品的回收．制造商的利润函数为

$$\max_{w,b_m}\pi_m^{MM}=(w-c_m)(A-\alpha p)+(\delta-b_m)(k+hb_m). \tag{5.1}$$

零售商的利润函数为

$$\max_{p}\pi_r^{MM}=(p-w)(A-\alpha p). \tag{5.2}$$

零售商的效用函数为

$$\max_{p}U_r^{MM}=\pi_r^{MM}-\lambda(\pi_m^{MM}-\pi_r^{MM}). \tag{5.3}$$

为了探究制造商回收渠道中零售商的竞争偏好能否忽视，下面针对制造商不考虑零售商的竞争偏好和制造商考虑零售商的竞争偏好两种情形，分别建立数学模型（模型 $MM^{\#}$和模型 $MM^{*}$），并运用博弈论和逆向归纳法求解模型．

### 5.2.1 制造商不考虑零售商竞争偏好行为模型 $MM^{\#}$

在制造商回收渠道中，若制造商对零售商的竞争偏好视而不见时，称之为

模型 MM# （注：右上标“#”表示制造商不考虑零售商的竞争偏好行为）. 相应地，作为渠道主导者的制造商基于零售商没有竞争偏好行为的假设做出定价决策；而零售商基于其效用函数做出最优决策.

决策顺序如下：首先，制造商由式（5.1）决策批发价格和回收价格；然后，零售商由式（5.2）决策零售价格. 依据逆向归纳法，可以得到引理 5.1.

**引理 5.1**　在模型 MM# 中，最优的定价决策为 $\tilde{w}^{\text{MM}*}=\frac{A+\alpha c_m}{2\alpha}$，$\tilde{b}_m^{\text{MM}*}=\frac{h\delta-k}{2h}$ 和 $\tilde{p}^{\text{MM}*}=\frac{(3+4\lambda)A+\alpha c_m}{4(1+\lambda)\alpha}$. 均衡的渠道利润为 $\tilde{\pi}_m^{\text{MM}*}=\frac{P_f}{2(1+\lambda)}+P_r$，$\tilde{\pi}_r^{\text{MM}*}=\frac{(1+2\lambda)P_f}{4(1+\lambda)^2}$，$\tilde{\pi}_c^{\text{MM}*}=\frac{3+4\lambda}{4(1+\lambda)^2}P_f+P_r$；零售商的最优效用为 $\tilde{U}_r^{\text{MM}*}=\frac{P_f}{4(1+\lambda)}-\lambda P_r$.

**证明**：首先，证明 $\pi_m^{\text{MM}}$ 和 $U_r^{\text{MM}}$ 的凸性.

对于制造商的问题：令 $p=w+n$，对 $\pi_m^{\text{MM}}$ 求一阶偏导数得 $\frac{\partial\pi_m^{\text{MM}}}{\partial w}=A-2\alpha w-\alpha n+\alpha c_m$ 和 $\frac{\partial\pi_m^{\text{MM}}}{\partial b_m}=-k-2hb_m+h\delta$. 进一步地，得黑塞矩阵 $\boldsymbol{H}^{\text{MM}}=\begin{pmatrix}-2\alpha & 0\\ 0 & -2h\end{pmatrix}$. 易知 $\boldsymbol{H}^{\text{MM}}$ 是负定的，也就是说 $\pi_m^{\text{MM}}$ 是 $(w,b_m)$ 的凸函数.

对于零售商的问题：将 $U_r^{\text{MM}}$ 关于 $p$ 求二阶导数得 $\frac{\mathrm{d}^2U_r^{\text{MM}}}{\mathrm{d}p^2}=-2\alpha(1+\lambda)<0$，可知 $U_r^{\text{MM}}$ 是 $p$ 的凸函数.

制造商不考虑零售商的竞争偏好行为，即基于零售商的利润函数做出定价决策. 于是，由 $\pi_r^{\text{MM}}$ 的一阶条件可得制造商的决策依据 $\overleftrightarrow{p}^{\text{MM}}=\frac{A+\alpha w}{2\alpha}$. 将 $\overleftrightarrow{p}^{\text{MM}}$ 代入 $\pi_m^{\text{MM}}$，得 $\overleftrightarrow{\pi}_m^{\text{MM}}=(w-c_m)\frac{(A-\alpha w)}{2}+(\delta-b_m)(k+hb_m)$. 由一阶条件，可得 $\tilde{w}^{\text{MM}*}=\frac{A+\alpha c_m}{2\alpha}$ 和 $\tilde{b}_m^{\text{MM}*}=\frac{h\delta-k}{2h}$. 而零售商基于自身的效用函数做出决策，将 $\tilde{w}^{\text{MM}*}$ 代入 $U_r^{\text{MM}}$，由一阶条件可得 $\tilde{p}^{\text{MM}*}=\frac{(3+4\lambda)A+\alpha c_m}{4(1+\lambda)\alpha}$.

将 $\tilde{w}^{\text{MM}*}$，$\tilde{b}_m^{\text{MM}*}$ 和 $\tilde{p}^{\text{MM}*}$ 代入 $\pi_m^{\text{MM}}$，$\pi_r^{\text{MM}}$ 和 $U_r^{\text{MM}}$，可得 $\tilde{\pi}_m^{\text{MM}*}=\frac{P_f}{2(1+\lambda)}+P_r$，$\tilde{\pi}_r^{\text{MM}*}=\frac{(1+2\lambda)P_f}{4(1+\lambda)^2}$，$\tilde{\pi}_c^{\text{MM}*}=\frac{3+4\lambda}{4(1+\lambda)^2}P_f+P_r$ 和 $\tilde{U}_r^{\text{MM}*}=\frac{P_f}{4(1+\lambda)}-\lambda P_r$. 证毕.

**定理 5.1** 在模型 MM$^{\#}$中，最优的批发价格 $\tilde{w}^{\mathrm{MM}*}$ 和回收价格 $\tilde{b}_m^{\mathrm{MM}*}$ 与 $\lambda$ 无关. 零售价格 $\tilde{b}_m^{\mathrm{MM}*}$ 是 $\lambda$ 的单调增函数. 系统的利润 $\tilde{\pi}_c^{\mathrm{MM}*}$，制造商的利润 $\tilde{\pi}_m^{\mathrm{MM}*}$，零售商的利润 $\tilde{\pi}_r^{\mathrm{MM}*}$ 和零售商的效用 $\tilde{U}_r^{\mathrm{MM}*}$ 均是 $\lambda$ 的单调减函数.

**证明：** 由一阶导数可得，$\dfrac{\mathrm{d}\tilde{p}^{\mathrm{MM}*}}{\mathrm{d}\lambda}=\dfrac{A-\alpha c_m}{4(1+\lambda)^2\alpha}>0$，$\dfrac{\mathrm{d}\tilde{\pi}_m^{\mathrm{MM}*}}{\mathrm{d}\lambda}=\dfrac{-1}{8(1+\lambda)^2}\dfrac{(A-\alpha c_m)^2}{\alpha}<0$，$\dfrac{\mathrm{d}\tilde{\pi}_r^{\mathrm{MM}*}}{\mathrm{d}\lambda}=\dfrac{-\lambda(1+\lambda)}{8(1+\lambda)^4}\dfrac{(A-\alpha c_m)^2}{\alpha}<0$，$\dfrac{\mathrm{d}\tilde{\pi}_c^{\mathrm{MM}*}}{\mathrm{d}\lambda}=\dfrac{-(1+2\lambda)}{8(1+\lambda)^3}\dfrac{(A-\alpha c_m)^2}{\alpha}<0$ 和 $\dfrac{\mathrm{d}\tilde{U}_r^{\mathrm{MM}*}}{\mathrm{d}\lambda}=-\dfrac{1}{(1+\lambda)^2}\dfrac{(A-\alpha c_m)^2}{16\alpha}-\dfrac{(h\delta+k)^2}{4h}<0$，可知定理成立. 证毕.

定理 5.1 表明在模型 MM$^{\#}$中，制造商不考虑零售商的竞争偏好，故零售商不能与制造商讨价还价. 这会导致零售价格上升，给正向供应链带来负面影响. 系统的利润、制造商的利润、零售商的利润和零售商的效用都随着零售商竞争偏好强度的增强而下降.

### 5.2.2 制造商考虑零售商竞争偏好行为模型 MM$^*$

在制造商回收渠道中，若制造商注意到零售商的竞争偏好行为并在决策时对零售商的竞争偏好予以考虑，称之为模型 MM$^*$（注：右上标"$*$"表示制造商考虑零售商的竞争偏好行为）. 相应地，作为渠道主导者的制造商基于零售商的竞争偏好效用函数做出定价决策.

决策顺序如下：首先，制造商由式（5.1）决策批发价格和回收价格；然后，零售商由式（5.3）决策零售价格. 由逆向归纳法，可以得到引理 5.2.

**引理 5.2** 在模型 MM$^*$ 中，最优的定价决策为 $\bar{w}^{\mathrm{MM}*}=\dfrac{(1+\lambda)A+(1+3\lambda)\alpha c_m}{2(1+2\lambda)\alpha}$，$\bar{b}_m^{\mathrm{MM}*}=\dfrac{h\delta-k}{2h}$和 $\bar{p}^{\mathrm{MM}*}=\dfrac{3A+\alpha c_m}{4\alpha}$. 均衡的渠道利润为 $\bar{\pi}_m^{\mathrm{MM}*}=\dfrac{(1+\lambda)P_f}{2(1+2\lambda)}+P_r$，$\bar{\pi}_r^{\mathrm{MM}*}=\dfrac{(1+4\lambda)P_f}{4(1+2\lambda)}$和 $\bar{\pi}_c^{\mathrm{MM}*}=\dfrac{3P_f}{4}+P_r$. 零售商的最优效用为 $\bar{U}_r^{\mathrm{MM}*}=\dfrac{(1+\lambda)P_f}{4}-\lambda P_r$.

**证明：** 由 $U_r^{\mathrm{MM}}$ 的一阶条件可得零售商的反应函数 $\breve{p}^{\mathrm{MM}}=\dfrac{(1+\lambda)A+(1+2\lambda)\alpha w-\lambda\alpha c_m}{2(1+\lambda)\alpha}$.

将 $\breve{p}^{\mathrm{MM}}$ 代入 $\pi_m^{\mathrm{MM}}$ 中，由一阶条件可得 $\bar{w}^{\mathrm{MM}*}=\dfrac{(1+\lambda)A+(1+3\lambda)\alpha c_m}{2(1+2\lambda)\alpha}$和 $\bar{b}_m^{\mathrm{MM}*}=\dfrac{h\delta-k}{2h}$.

将 $\bar{w}^{\mathrm{MM}*}$ 代入 $\overleftrightarrow{p}^{\mathrm{MM}}$，可得 $\bar{p}^{\mathrm{MM}*}=\dfrac{3A+\alpha c_m}{4\alpha}$. 将 $\bar{w}^{\mathrm{MM}*}$，$\bar{b}_m^{\mathrm{MM}*}$ 和 $\bar{p}^{\mathrm{MM}*}$ 代入 $\pi_m^{\mathrm{MM}}$，$\pi_r^{\mathrm{MM}}$

和 $U_r^{\text{MM}}$，得到 $\bar{\pi}_m^{\text{MM}*}=\dfrac{(1+\lambda)P_f}{2(1+2\lambda)}+P_r$，$\bar{\pi}_r^{\text{MM}*}=\dfrac{(1+4\lambda)P_f}{4(1+2\lambda)}$，$\bar{\pi}_c^{\text{MM}*}=\dfrac{3P_f}{4}+P_r$ 和 $\bar{U}_r^{\text{MM}*}=\dfrac{(1+\lambda)P_f}{4}-\lambda P_r$. 证毕.

**定理 5.2**　在模型 MM$^*$ 中，最优的批发价格 $\bar{p}^{\text{MM}*}$，最优的回收价格 $\bar{b}_m^{\text{MM}*}$ 和系统利润 $\bar{\pi}_c^{\text{MM}*}$ 与无关. 批发价格 $\bar{w}^{\text{MM}*}$ 和制造商的利润 $\bar{\pi}_m^{\text{MM}*}$ 是 $\lambda$ 的减函数. 零售商的利润是 $\lambda$ 的增函数.

**证明：**由一阶导数可得，$\dfrac{\mathrm{d}\bar{w}^{\text{MM}*}}{\mathrm{d}\lambda}=\dfrac{-(A-\alpha c_m)}{2(1+2\lambda)^2\alpha}<0$，$\dfrac{\mathrm{d}\bar{\pi}_m^{\text{MM}*}}{\mathrm{d}\lambda}=\dfrac{-(A-\alpha c_m)^2}{8(1+2\lambda)^2\alpha}<0$ 和 $\dfrac{\mathrm{d}\bar{\pi}_r^{\text{MM}*}}{\mathrm{d}\lambda}=\dfrac{(A-\alpha c_m)^2}{8(1+2\lambda)^2\alpha}>0$. 又显然 $\bar{b}_m^{\text{MM}*}=\dfrac{h\delta-k}{2h}$和 $\bar{\pi}_c^{\text{MM}*}=\dfrac{3P_f}{4}+P_r$与 $\lambda$ 无关. 证毕.

定理 5.2 表明，在模型 MM$^*$ 中，制造商考虑零售商的竞争偏好，故零售商能够与制造商讨价还价. 零售商的竞争偏好强度越强，批发价格越低. 随着零售商竞争偏好强度的增强，零售商的利润增加，制造商的利润减少. 零售价格，回收价格和系统利润不受零售商竞争偏好的影响. 其背后的原因是，制造商对零售商的竞争偏好行为的考虑使得系统免受竞争偏好行为的影响.

## 5.3　零售商回收渠道模型

在零售商回收渠道中，零售商除销售新产品外，还从事废旧产品的回收. 首先，作为渠道主导者的制造商决策批发价格 $w$ 和回收转移价格 $b_{mr}$. 然后，零售商决策零售价格 $p$ 和回收价格 $b_r$. 于是，制造商的问题为

$$\max_{w,b_{mr}}\pi_m^{\text{MR}}=(w-c_m)(A-\alpha p)+(\delta-b_{mr})(k+hb_r).\tag{5.4}$$

零售商的利润函数为

$$\max_{p,b_r}\pi_r^{\text{MR}}=(p-w)(A-\alpha p)+(b_{mr}-b_r)(k+hb_r).\tag{5.5}$$

零售商的效用函数为

$$\max_{p,b_r}U_r^{\text{MR}}=\pi_r^{\text{MR}}-\lambda(\pi_m^{\text{MR}}-\pi_r^{\text{MR}}).\tag{5.6}$$

为了探究零售商回收渠道中零售商的竞争偏好能否忽视，下面针对制造商不考虑零售商的竞争偏好和制造商考虑零售商的竞争偏好两种情形，分别建立数学模型（即模型 MR$^\#$和模型 MR$^*$），并运用博弈论和逆向归纳法求解模型.

### 5.3.1　制造商不考虑零售商竞争偏好行为模型 MR$^\#$

在零售商回收渠道中，若制造商对零售商的竞争偏好视而不见，称之为模

型 MR$^{\#}$（注：右上标“#”表示制造商不考虑零售商的竞争偏好行为）. 相应地，作为渠道主导者的制造商基于零售商没有竞争偏好行为的假设做出定价决策；而零售商基于他的竞争偏好效用函数做出自己的最优决策.

决策顺序如下：首先，制造商由式（5.4）决策批发价格和回收转移价格；然后，零售商由式（5.5）决策零售价格. 由逆向归纳法，可以得到引理 5.3.

**引理 5.3** 在模型 MR$^{\#}$中，最优的定价策略为 $\tilde{w}^{MR*}=\dfrac{A+\alpha c_m}{2\alpha}$，$\tilde{b}_{mr}^{MR*}=\dfrac{h\delta-k}{2h}$，$\tilde{p}^{MR*}=\dfrac{(3+4\lambda)A+\alpha c_m}{4(1+\lambda)\alpha}$和 $\tilde{b}_r^{MR*}=\dfrac{h\delta-(3+4\lambda)k}{4(1+\lambda)\alpha}$. 渠道利润为 $\tilde{\pi}_m^{MR*}=\dfrac{P_f+P_r}{2(1+\lambda)}$，$\tilde{\pi}_r^{MR*}=\dfrac{(1+2\lambda)(P_f+P_r)}{4(1+\lambda)^2}$，$\tilde{\pi}_c^{MR*}=\dfrac{(3+4\lambda)(P_f+P_r)}{4(1+\lambda)^2}$. 零售商的效用为 $\tilde{U}_r^{MR*}=\dfrac{P_f+P_r}{4(1+\lambda)}$.

**证明**：首先，证明 $\pi_m^{MR}$ 和 $U_r^{MR}$ 的凸性.

对于制造商的问题：令 $p=w+n$，$b_r=b_{mr}+m$，对 $\pi_m^{MR}$ 求一阶导数得$\dfrac{\partial\pi_m^{MR}}{\partial w}=A-2\alpha w-\alpha n+\alpha c_m$ 和$\dfrac{\partial\pi_m^{MR}}{\partial b_{mr}}=-k-2hb_{mr}+h\delta-hm$，进一步地可得 $\pi_m^{MR}$ 的黑塞矩阵 $\boldsymbol{H}_m^{MR}=\begin{pmatrix}-2\alpha & 0\\ 0 & -2h\end{pmatrix}$. 容易发现 $\boldsymbol{H}_m^{MR}$ 是负定的，因此，$\pi_m^{MR}$ 是关于（$w,b_{mr}$）的凸函数.

零售商的问题：$U_r^{MR}$ 一阶导数为$\dfrac{\partial U_r^{MR}}{\partial p}=(1+\lambda)(A-2\alpha p+\alpha w)+\lambda\alpha(w-c_m)$ 和 $\dfrac{\partial U_r^{MR}}{\partial b_r}=-(1+\lambda)k-\lambda h\delta-2(1+\lambda)hb_r+(1+2\lambda)hb_{mr}$，进一步可得 $U_r^{MR}$ 的黑塞矩阵 $\boldsymbol{H}_r^{MR}=\begin{pmatrix}-2\alpha(1+\lambda) & \lambda\alpha\\ 0 & -2h(1+\lambda)\end{pmatrix}$. 容易发现 $\boldsymbol{H}_r^{MR}$ 是负定的，因此，$U_r^{MR}$ 是关于（$p,b_r$）的凸函数.

由于制造商不考虑零售商的竞争偏好行为，于是制造商基于零售商的利润函数做出决策. 依据逆向归纳法，由 $\pi_r^{MR}$ 的一阶条件可得制造商决策时的依据 $\overleftrightarrow{p}^{MR}=\dfrac{A+\alpha w}{2\alpha}$和 $\overleftrightarrow{b}_r^{MR}=\dfrac{hb_{mr}-k}{2h}$. 将 $\overleftrightarrow{p}^{MR}$和 $\overleftrightarrow{b}_r^{MR}$代入 $\pi_m^{MR}$，得到 $\overleftrightarrow{\pi}_m^{MR}=(w-c_m)\dfrac{(A-\alpha w)}{2}+(\delta-b_{mr})\dfrac{(k+hb_{mr})}{2}$. 由一阶导数得 $\tilde{w}^{MR*}=\dfrac{A+\alpha c_m}{2\alpha}$和 $\tilde{b}_{mr}^{MR*}=\dfrac{h\delta-k}{2h}$. 零售商基于自身的效用函数做出决策，将 $\tilde{w}^{MR*}$和 $\tilde{b}_{mr}^{MR*}$ 代入 $U_r^{MR}$，接着由 $U_r^{MR}$ 的一阶条件可得 $\tilde{p}^{MR*}=$

$\dfrac{(3+4\lambda)A+\alpha c_m}{4(1+\lambda)\alpha}$和 $\tilde{b}_r^{MR*}=\dfrac{h\delta-(3+4\lambda)k}{4(1+\lambda)\alpha}$.

然后，将 $\tilde{w}^{MR*}$，$\tilde{b}_{mr}^{MR*}$，$\tilde{p}^{MR*}$和 $\tilde{b}_r^{MR*}$分别代入 $\pi_m^{MR}$，$\pi_r^{MR}$ 和 $U_r^{MR}$ 中，可得 $\tilde{\pi}_m^{MR*}=\dfrac{P_f+P_r}{2(1+\lambda)}$，$\tilde{\pi}_r^{MR*}=\dfrac{(1+2\lambda)(P_f+P_r)}{4(1+\lambda)^2}$，$\tilde{\pi}_c^{MR*}=\dfrac{(3+4\lambda)(P_f+P_r)}{4(1+\lambda)^2}$和 $\tilde{U}_r^{MR*}=\dfrac{P_f+P_r}{4(1+\lambda)}$.

证毕.

**定理 5.3**　在模型 MR#中，零售价格 $\tilde{p}^{MR*}$和回收价格 $\tilde{b}_r^{MR*}$是 $\lambda$ 的增函数. 零售商的效用 $\tilde{U}_r^{MR*}$，零售商的利润 $\tilde{\pi}_r^{MR*}$，制造商的利润 $\tilde{\pi}_m^{MR*}$和系统利润 $\tilde{\pi}_c^{MR*}$均为 $\lambda$ 的减函数. 批发价格 $\tilde{w}^{MR*}$和回收转移价格 $\tilde{b}_{mr}^{MR*}$与 $\lambda$ 无关.

**证明：** 求一阶导数，可得$\dfrac{d\tilde{p}^{MR*}}{d\lambda}=\dfrac{A-\alpha c_m}{4(1+\lambda)^2\alpha}>0$，$\dfrac{d\tilde{b}_r^{MR*}}{d\lambda}=\dfrac{k-h\delta}{4(1+\lambda)^2}>0$，$\dfrac{d\tilde{\pi}_m^{MR*}}{d\lambda}=\dfrac{-1}{8(1+\lambda)^2}\left[\dfrac{(A-\alpha c_m)^2}{\alpha}+\dfrac{(h\delta+k)^2}{h}\right]<0$，$\dfrac{d\tilde{\pi}_r^{MR*}}{d\lambda}=\dfrac{-\lambda}{8(1+\lambda)^3}\left[\dfrac{(A-\alpha c_m)^2}{\alpha}+\dfrac{(h\delta+k)^2}{h}\right]<0$，$\dfrac{d\tilde{\pi}_c^{MR*}}{d\lambda}=\dfrac{-(1+2\lambda)}{8(1+\lambda)^3}\left[\dfrac{(A-\alpha c_m)^2}{\alpha}+\dfrac{(h\delta+k)^2}{h}\right]<0$，$\dfrac{d\tilde{U}_r^{MR*}}{d\lambda}=\dfrac{-1}{16(1+\lambda)^2}\left[\dfrac{(A-\alpha c_m)^2}{\alpha}+\dfrac{(h\delta+k)^2}{h}\right]<0$.

得证.

由定理 5.3 可以看出，在模型 MR#中制造商不考虑零售商的竞争偏好，故零售商不能与制造商讨价还价. 这导致零售价格的上升和回收价格的降低，给正向和逆向渠道均带来负面影响. 零售商的效用函数、零售商的利润、制造商的利润和系统的利润全部随着零售商竞争偏好强度的增强而下降.

### 5.3.2　制造商考虑零售商竞争偏好行为模型 MR*

在零售商回收渠道中，若制造商注意到零售商的竞争偏好行为并在决策时对零售商的竞争偏好予以考虑，称之为模型 MR*（注：右上标“*”表示制造商考虑零售商的竞争偏好行为）. 相应地，作为渠道主导者的制造商基于零售商的竞争偏好效用函数做出定价决策.

决策顺序如下：首先，制造商由式（5.4）决策批发价格和回收转移价格；然后，零售商由式（5.6）决策零售价格. 由逆向归纳法，可以得到引理 5.4.

**引理 5.4**　在模型 MR*中，最优的定价决策为 $\bar{w}^{MR*}=\dfrac{(1+\lambda)A+(1+3\lambda)\alpha c_m}{2(1+2\lambda)\alpha}$，$\bar{b}_{mr}^{MR*}=\dfrac{(1+3\lambda)h\delta-(1+\lambda)k}{2(1+2\lambda)h}$，$\bar{p}^{MR*}=\dfrac{3A+\alpha c_m}{4\alpha}$和 $\bar{b}_r^{MR*}=\dfrac{h\delta-3k}{4h}$. 均衡的渠道利润为

$\bar{\pi}_m^{MR*}=\dfrac{(1+\lambda)(P_f+P_r)}{2(1+2\lambda)}$，$\bar{\pi}_r^{MR*}=\dfrac{(1+4\lambda)(P_f+P_r)}{4(1+2\lambda)}$和 $\bar{\pi}_c^{MR*}=\dfrac{3}{4}(P_f+P_r)$. 零售商的最优效用为 $\bar{U}_r^{MR*}=\dfrac{1+\lambda}{4}(P_f+P_r)$.

**证明：** 由 $U_r^{MR}$ 的一阶条件，可得零售商的最优反应函数 $\breve{p}^{MR}=\dfrac{(1+\lambda)A+(1+2\lambda)\alpha w-\lambda\alpha c_m}{2(1+\lambda)\alpha}$和 $\breve{b}_r^{MR}=\dfrac{(1+2\lambda)hb_{mr}-(1+\lambda)k-\lambda h\delta}{2(1+\lambda)h}$.将它们代入 $\pi_m^{MR}$，由一阶条件可得 $\bar{w}^{MR*}=\dfrac{(1+\lambda)A+(1+3\lambda)\alpha c_m}{2(1+2\lambda)\alpha}$和 $\bar{b}_{mr}^{MR*}=\dfrac{(1+3\lambda)h\delta-(1+\lambda)k}{2(1+2\lambda)h}$. 将 $\bar{w}^{MR*}$和$\bar{b}_{mr}^{MR*}$代入 $U_r^{MR}$，由 $U_r^{MR}$ 的一阶条件可得 $\bar{p}^{MR*}=\dfrac{3A+\alpha c_m}{4\alpha}$和 $\bar{b}_r^{MR*}=\dfrac{h\delta-3k}{4h}$. 然后，将 $\bar{w}^{MR*}$，$\bar{b}_{mr}^{MR*}$，$\bar{p}^{MR*}$，$\bar{b}_r^{MR*}$ 分别代入 $\pi_m^{MR}$，$\pi_r^{MR}$ 和 $U_r^{MR}$，可得 $\bar{\pi}_m^{MR*}=\dfrac{(1+\lambda)(P_f+P_r)}{2(1+2\lambda)}$，$\bar{\pi}_r^{MR*}=\dfrac{(1+4\lambda)(P_f+P_r)}{4(1+2\lambda)}$，$\bar{\pi}_c^{MR*}=\dfrac{3}{4}(P_f+P_r)$ 和 $\bar{U}_r^{MR*}=\dfrac{(1+\lambda)}{4}(P_f+P_r)$. 证毕.

**定理 5.4** 在模型 MR* 中，制造商的利润和批发价格是 $\lambda$ 的减函数. 零售商的利润和回收转移价格是 $\lambda$ 的增函数. 零售价格，回收价格和系统利润与 $\lambda$ 无关.

**证明：** 由一阶导数，可得$\dfrac{d\bar{w}^{MR*}}{d\lambda}=\dfrac{-(A-\alpha c_m)}{2(1+2\lambda)^2}<0$，$\dfrac{d\bar{b}_{mr}^{MR*}}{d\lambda}=\dfrac{h\delta+k}{2(1+2\lambda)^2h}>0$，$\dfrac{d\bar{\pi}_m^{MR*}}{d\lambda}=\dfrac{-1}{8(1+2\lambda)^2}\left[\dfrac{(A-\alpha c_m)^2}{\alpha}+\dfrac{(h\delta+k)^2}{h}\right]<0$，$\dfrac{d\bar{\pi}_r^{MR*}}{d\lambda}=\dfrac{1}{8(1+2\lambda)^2}\left[\dfrac{(A-\alpha c_m)^2}{\alpha}+\dfrac{(h\delta+k)^2}{h}\right]>0$，$\dfrac{d\bar{U}_r^{MR*}}{d\lambda}=\dfrac{1}{16}\left[\dfrac{(A-\alpha c_m)^2}{\alpha}+\dfrac{(h\delta+k)^2}{h}\right]>0$. 又显然 $\bar{p}^{MR*}=\dfrac{3A+\alpha c_m}{4\alpha}$，$\bar{b}_r^{MR*}=\dfrac{h\delta-3k}{4h}$和 $\bar{\pi}_c^{MR*}=\dfrac{3}{4}(P_f+P_r)$ 与 $\lambda$ 无关. 证毕.

定理 5.4 表明，在模型 MR* 中零售商能与制造商讨价还价. 零售商的竞争偏好强度越强，批发价格越低，回收转移价格越高. 随着零售商竞争偏好的增强，零售商的利润增加，制造商的利润减少. 零售价格，回收价格和系统利润不受零售商竞争偏好行为的影响. 也就是说，制造商对零售商竞争偏好行为的考虑使得系统免受竞争偏好行为的影响.

## 5.4 第三方回收渠道模型

在第三方回收渠道中，第三方回收商从事废旧产品的回收，零售商负责新产品的销售. 首先, 作为渠道主导者的制造商决策回收转移价格 $b_{mt}$ 和批发价格 $w$. 然后, 零售商决策零售价格 $p$, 第三方回收商决策回收价格 $b_t$. 于是, 制造商的问题为

$$\max_{w,b_{mt}}\pi_m^{\mathrm{MT}}=(w-c_m)(A-\alpha p)+(\delta-b_{mt})(k+hb_t). \tag{5.7}$$

零售商的利润函数为

$$\max_{p}\pi_r^{\mathrm{MT}}=(p-w)(A-\alpha p). \tag{5.8}$$

零售商的效用函数为

$$\max_{p}U_r^{\mathrm{MT}}=\pi_r^{\mathrm{MT}}-\lambda(\pi_m^{\mathrm{MT}}-\pi_r^{\mathrm{MT}}). \tag{5.9}$$

第三方回收商的利润为

$$\max_{b_t}\pi_t^{\mathrm{MT}}=(b_{mt}-b_t)(k+hb_t). \tag{5.10}$$

为了探究第三方回收渠道中零售商的竞争偏好行为能否忽视, 下面针对制造商不考虑零售商的竞争偏好和制造商考虑零售商的竞争偏好两种情形, 分别建立数学模型 (即模型 $\mathrm{MT}^{\#}$ 和模型 $\mathrm{MT}^{*}$), 并运用博弈论和逆向归纳法对模型进行求解.

### 5.4.1　制造商不考虑零售商竞争偏好行为模型 $\mathrm{MT}^{\#}$

在第三方回收渠道中, 若制造商对零售商的竞争偏好视而不见, 称之为模型 $\mathrm{MT}^{\#}$ (注: 右上标 "#" 表示制造商不考虑零售商的竞争偏好行为). 相应地, 作为渠道主导者的制造商基于零售商没有竞争偏好行为的假设做出定价决策; 而零售商基于他们的竞争偏好效用函数做出自己的最优决策.

决策顺序如下: 首先, 制造商由式 (5.7) 决策批发价格和回收转移价格; 然后, 零售商由式 (5.8) 决策零售价格, 同时第三方由式 (5.10) 决策回收价格. 由逆向归纳法, 可以得到引理 5.5.

**引理 5.5**　在模型 $\mathrm{MT}^{\#}$ 中, 最优的回收定价决策为 $\tilde{w}^{\mathrm{MT}*}=\dfrac{A+\alpha c_m}{2\alpha}$, $\tilde{b}_{mt}^{\mathrm{MT}*}=\dfrac{h\delta-k}{2h}$, $\tilde{p}^{\mathrm{MT}*}=\dfrac{(3+4\lambda)A+\alpha c_m}{4(1+\lambda)\alpha}$ 和 $\tilde{b}_t^{\mathrm{MT}*}=\dfrac{h\delta-3k}{4h}$. 均衡的渠道利润为 $\tilde{\pi}_m^{\mathrm{MT}*}=\dfrac{P_f}{2(1+\lambda)}+\dfrac{P_r}{2}$, $\tilde{\pi}_r^{\mathrm{MT}*}=\dfrac{(1+2\lambda)P_f}{4(1+\lambda)^2}$, $\tilde{\pi}_t^{\mathrm{MT}*}=\dfrac{P_r}{4}$ 和 $\tilde{\pi}_c^{\mathrm{MT}*}=\dfrac{(3+4\lambda)P_f}{4(1+\lambda)^2}+\dfrac{3P_r}{4}$. 零售商的最优效用为 $\tilde{U}_r^{\mathrm{MT}*}=\dfrac{P_f}{4(1+\lambda)}-\dfrac{\lambda P_r}{2}$.

**证明:** 首先, 证明 $\pi_m^{\mathrm{MT}}$, $U_r^{\mathrm{MT}}$ 和 $\pi_t^{\mathrm{MT}}$ 的凸性.

对于制造商的问题：令 $p=w+n$，$b_t=b_{mt}+m$，对 $\pi_m^{\mathrm{MT}}$ 求一阶导数得 $\frac{\partial\pi_m^{\mathrm{MT}}}{\partial w}=A-2\alpha w-\alpha n+\alpha c_m$ 和 $\frac{\partial\pi_m^{\mathrm{MT}}}{\partial b_{mt}}=-k-2hb_{mt}+h\delta-hm$. 进一步可得 $\pi_m^{\mathrm{MT}}$ 的黑塞矩阵 $\boldsymbol{H}_m^{\mathrm{MT}}=\begin{pmatrix}-2\alpha & 0\\ 0 & -2h\end{pmatrix}$. 显然 $\boldsymbol{H}_m^{\mathrm{MT}}$ 是负定的，也就是说 $\pi_m^{\mathrm{MT}}$ 是关于（$w,b_{mt}$）的凸函数.

对于零售商的问题：将 $U_r^{\mathrm{MT}}$ 关于 $p$ 求二阶导数，得 $\frac{\mathrm{d}^2U_r^{\mathrm{MT}}}{\mathrm{d}p^2}=-2\alpha(1+\lambda)<0$，知 $U_r^{\mathrm{MT}}$ 是关于 $p$ 的凸函数.

对于第三方的问题：将 $\pi_t^{\mathrm{MT}}$ 关于 $b_{mt}$ 求二阶导数，得 $\frac{\mathrm{d}^2\pi_t^{\mathrm{MT}}}{\mathrm{d}b_{mt}^2}=-2h<0$，知 $\pi_t^{\mathrm{MT}}$ 是关于 $b_{mt}$ 的凸函数.

然后，由 $\pi_r^{\mathrm{MT}}$ 和 $\pi_t^{\mathrm{MT}}$ 的一阶条件可得 $\overleftrightarrow{p}^{\mathrm{MT}}=\frac{A+\alpha w}{2\alpha}$ 和 $\overleftrightarrow{b}_t^{\mathrm{MT}}=\frac{hb_{mt}-k}{2h}$. 将 $\overleftrightarrow{p}^{\mathrm{MT}}$ 和 $\overleftrightarrow{b}_t^{\mathrm{MT}}$ 代入 $\pi_m^{\mathrm{MT}}$，得 $\overleftrightarrow{\pi}_m^{\mathrm{MT}}=(w-c_m)\frac{(A-\alpha w)}{2}+(\delta-b_{mt})\frac{(k+hb_{mt})}{2}$，由一阶条件有 $\tilde{w}^{\mathrm{MT}*}=\frac{A+\alpha c_m}{2\alpha}$ 和 $\tilde{b}_{mt}^{\mathrm{MT}*}=\frac{h\delta-k}{2h}$.

将 $\tilde{w}^{\mathrm{MT}*}$ 代入 $U_r^{\mathrm{MT}}$，由一阶条件有 $\tilde{p}^{\mathrm{MT}*}=\frac{(3+4\lambda)A+\alpha c_m}{4(1+\lambda)\alpha}$.

将 $\tilde{b}_{mt}^{\mathrm{MT}*}$ 代入 $\breve{b}_r^{\mathrm{MT}}$，可得 $\tilde{b}_t^{\mathrm{MT}*}=\frac{h\delta-3k}{4h}$.

将 $\tilde{w}^{\mathrm{MT}*}$，$\tilde{b}_{mt}^{\mathrm{MT}*}$，$\tilde{b}_t^{\mathrm{MT}*}$ 和 $\tilde{p}^{\mathrm{MT}*}$ 代入 $\pi_m^{\mathrm{MT}}$，$U_r^{\mathrm{MT}}$ 和 $\pi_t^{\mathrm{MT}}$，可得 $\tilde{\pi}_m^{\mathrm{MT}*}=\frac{P_f}{2(1+\lambda)}+\frac{P_r}{2}$，$\tilde{\pi}_r^{\mathrm{MT}*}=\frac{(1+2\lambda)P_f}{4(1+\lambda)^2}$，$\tilde{\pi}_t^{\mathrm{MT}*}=\frac{P_r}{4}$，$\tilde{\pi}_c^{\mathrm{MT}*}=\frac{(3+4\lambda)P_f}{4(1+\lambda)^2}+\frac{3P_r}{4}$ 和 $\tilde{U}_r^{\mathrm{MT}*}=\frac{P_f}{4(1+\lambda)}-\frac{\lambda P_r}{2}$.

证毕.

**定理 5.5** 在模型 $\mathrm{MT}^{\#}$ 中，零售价格 $\tilde{p}^{\mathrm{MT}*}$ 是的 $\lambda$ 增函数. 系统的利润 $\tilde{\pi}_c^{\mathrm{MT}*}$，制造商的利润 $\tilde{\pi}_m^{\mathrm{MT}*}$、零售商的利润 $\tilde{\pi}_r^{\mathrm{MT}*}$ 和零售商的效用函数 $\tilde{U}_r^{\mathrm{MT}*}$ 均是 $\lambda$ 的减函数. 回收价格 $\tilde{b}_t^{\mathrm{MT}*}$、回收转移价格 $\tilde{b}_{mt}^{\mathrm{MT}*}$ 和批发价格 $\tilde{w}^{\mathrm{MT}*}$ 与 $\lambda$ 无关.

**证明**：由一阶导数，可得 $\frac{\mathrm{d}\tilde{p}^{\mathrm{MT}*}}{\mathrm{d}\lambda}=\frac{A-\alpha c_m}{4(1+\lambda)^2\alpha}>0$，$\frac{\mathrm{d}\tilde{\pi}_m^{\mathrm{MT}*}}{\mathrm{d}\lambda}=\frac{-1}{8(1+\lambda)^2}$

$\frac{(A-\alpha c_m)^2}{\alpha}<0$，$\frac{\mathrm{d}\tilde{\pi}_r^{\mathrm{MT}*}}{\mathrm{d}\lambda}=\frac{-\lambda}{8(1+\lambda)^3}\frac{(A-\alpha c_m)^2}{\alpha}<0$，$\frac{\mathrm{d}\tilde{\pi}_c^{\mathrm{MT}*}}{\mathrm{d}\lambda}=\frac{-(1+2\lambda)}{8(1+\lambda)^3}\frac{(A-\alpha c_m)^2}{\alpha}<0$，$\frac{\mathrm{d}\tilde{U}_r^{\mathrm{MT}*}}{\mathrm{d}\lambda}=\frac{-1}{16(1+\lambda)^2}\frac{(A-\alpha c_m)^2}{\alpha}<0$. 证毕.

由定理 5.5 不难发现，在模型 $\mathrm{MT}^{\#}$ 中零售商不能与制造商讨价还价. 结果导致零售价格上升，从而给供应链带来负面影响. 系统的利润、制造商的利润、零售商的利润和效用随着零售商竞争偏好的增强全部下降.

### 5.4.2　制造商考虑零售商竞争偏好行为模型 $\mathrm{MT}^*$

在第三方回收渠道中，若制造商注意到零售商的竞争偏好行为并在决策时对零售商的竞争偏好予以考虑，称之为模型 $\mathrm{MT}^*$（注：右上标“ * ”表示制造商考虑零售商的竞争偏好行为）. 相应地，作为渠道主导者的制造商基于零售商的竞争偏好效用函数做出定价决策.

决策顺序如下：首先，制造商由式（5.7）决策批发价格和回收转移价格；然后，零售商由式（5.9）决策零售价格，同时第三方由式（5.10）决策回收价格. 由逆向归纳法，可以得到引理 5.6.

**引理 5.6**　在模型 $\mathrm{MT}^*$ 中，最优的定价决策为 $\bar{w}^{\mathrm{MT}*}=\frac{(1+\lambda)A+(1+3\lambda)\alpha c_m}{2(1+2\lambda)\alpha}$，$\bar{b}_{mt}^{\mathrm{MT}*}=\frac{h\delta-k}{2h}$，$\bar{p}^{\mathrm{MT}*}=\frac{3A+\alpha c_m}{4\alpha}$ 和 $\bar{b}_t^{\mathrm{MT}*}=\frac{h\delta-3k}{4h}$. 均衡的渠道利润为 $\bar{\pi}_m^{\mathrm{MT}*}=\frac{(1+\lambda)P_f}{2(1+2\lambda)}+\frac{P_r}{2}$，$\bar{\pi}_r^{\mathrm{MT}*}=\frac{(1+4\lambda)P_f}{4(1+2\lambda)}$，$\bar{\pi}_t^{\mathrm{MT}*}=\frac{P_r}{4}$ 和 $\bar{\pi}_c^{\mathrm{MT}*}=\frac{3}{4}(P_f+P_r)$. 零售商的最优效用为 $\bar{U}_r^{\mathrm{MT}*}=\frac{(1+\lambda)P_f}{4}-\frac{\lambda P_r}{2}$.

**证明**：由 $U_r^{\mathrm{MT}}$ 和 $\pi_t^{\mathrm{MT}}$ 的一阶条件得零售商和第三方的最优反应函数 $\breve{p}^{\mathrm{MT}}=\frac{(1+\lambda)A+(1+2\lambda)\alpha w-\lambda\alpha c_m}{2(1+\lambda)\alpha}$ 和 $\breve{b}_t^{\mathrm{MT}}=\frac{hb_{mt}-k}{2h}$. 将 $\breve{p}^{\mathrm{MT}}$ 和 $\breve{b}_t^{\mathrm{MT}}$ 代入 $\pi_m^{\mathrm{MT}}$，然后由 $\pi_m^{\mathrm{MT}}$ 的一阶条件得 $\bar{w}^{\mathrm{MT}*}=\frac{(1+\lambda)A+(1+3\lambda)\alpha c_m}{2(1+2\lambda)\alpha}$ 和 $\bar{b}_{mt}^{\mathrm{MT}*}=\frac{h\delta-k}{2h}$. 将 $\bar{w}^{\mathrm{MT}*}$ 代入 $U_r^{\mathrm{MT}}$，然后由 $U_r^{\mathrm{MT}}$ 的一阶条件可得 $\bar{p}^{\mathrm{MT}*}=\frac{3A+\alpha c_m}{4\alpha}$.

将 $\bar{b}_{mt}^{\mathrm{MT}*}$ 代入 $\breve{b}_t^{\mathrm{MT}}$，得到 $\bar{b}_t^{\mathrm{MT}*}=\frac{h\delta-3k}{4h}$. 将 $\bar{w}^{\mathrm{MT}*}$，$\bar{b}_{mt}^{\mathrm{MT}*}$，$\bar{b}_t^{\mathrm{MT}*}$ 和 $\bar{p}^{\mathrm{MT}*}$ 代入

$\pi_m^{MT}$，$U_r^{MT}$ 和 $\pi_t^{MT}$，得到 $\overline{\pi}_m^{MT*}=\frac{(1+\lambda)P_f}{2(1+2\lambda)}+\frac{P_r}{2}$，$\overline{\pi}_r^{MT*}=\frac{(1+4\lambda)P_f}{4(1+2\lambda)}$，$\overline{\pi}_t^{MT*}=\frac{P_r}{4}$，$\overline{\pi}_c^{MT*}=\frac{3}{4}(P_f+P_r)$ 和 $\overline{U}_r^{MT*}=\frac{(1+\lambda)P_f}{4}-\frac{\lambda P_r}{2}$. 证毕.

**定理 5.6** 在模型 MT* 中，零售商的利润 $\overline{\pi}_r^{MT*}$ 是 $\lambda$ 的增函数. 制造商的利润 $\overline{\pi}_m^{MT*}$ 和批发价格 $\overline{w}^{MT*}$ 是 $\lambda$ 的减函数. 系统利润 $\overline{\pi}_c^{MT*}$，零售价格 $\overline{p}^{MT*}$、回收价格 $\overline{b}_t^{MT*}$、回收转移价格 $\overline{b}_{mt}^{MT*}$ 与 $\lambda$ 无关.

**证明：** 计算一阶导数，可得 $\frac{d\overline{w}^{MT*}}{d\lambda}=\frac{-(A-\alpha c_m)}{2(1+2\lambda)^2}<0$，$\frac{d\overline{\pi}_m^{MT*}}{d\lambda}=\frac{-1}{8(1+2\lambda)^2}\frac{(A-\alpha c_m)^2}{\alpha}<0$，$\frac{d\overline{\pi}_r^{MT*}}{d\lambda}=\frac{1}{8(1+2\lambda)^2}\frac{(A-\alpha c_m)^2}{\alpha}>0$. 显然，$\overline{p}^{MT*}=\frac{3A+\alpha c_m}{4\alpha}$，$\overline{b}_t^{MT*}=\frac{h\delta-3k}{4h}$和 $\overline{\pi}_c^{MT*}=\frac{3}{4}(P_f+P_r)$ 与 $\lambda$ 无关. 证毕.

定理 5.6 表明，在模型 MT* 中，制造商考虑零售商的竞争偏好行为，故零售商能够与制造商讨价还价. 零售商的竞争偏好越强，批发价格就越低. 随着零售商竞争偏好强度的增强，制造商的利润下降，零售商的利润增加. 零售价格、回收价格、回收转移价格和系统利润不受竞争偏好行为的影响. 也就是说，制造商对零售商竞争偏好行为的考虑保护系统利润免受竞争偏好行为的影响.

特别地，在模型 MM*，模型 MR* 和模型 MT* 中，若令 $\lambda=0$，便可得到零售商不具有竞争偏好情形下的特殊情况，即 3.2 节中竞争中性的模型 MM，模型 MR 和模型 MT.

为了揭示零售商竞争偏好行为的本质，制造商能否忽视零售商的竞争偏好行为以及零售商的竞争偏好给闭环供应链系统带来的影响，将在下一节中对零售商竞争中性、制造商不考虑零售商的竞争偏好行为和制造商考虑零售商的竞争偏好行为三种情景下的结果进行对比和分析.

## 5.5 结果分析

将上面模型的结果归纳于表格中. 表 5.1 给出制造商回收渠道结构下两种情景模型的结果. 表 5.2 给出零售商回收渠道结构下两种情景模型的结果. 表 5.3 给出第三方回收渠道结构下两种情景模型的结果.

**表 5.1　制造商回收渠道结构下的主要结果**

| 结果 | 模型 MM# | 模型 MM* | 模型 MM |
|---|---|---|---|
| $p$ | $\tilde{p}^{MM*}=\dfrac{(3+4\lambda)A+\alpha c_m}{4(1+\lambda)\alpha}$ | $\bar{p}^{MM*}=\dfrac{3A+\alpha c_m}{4\alpha}$ | $p^{MM*}=\dfrac{3A+\alpha c_m}{4\alpha}$ |
| $b_j$ | $\tilde{b}_m^{MM*}=\dfrac{h\delta-k}{2h}$ | $\bar{b}_m^{MM*}=\dfrac{h\delta-k}{2h}$ | $b_m^{MM*}=\dfrac{h\delta-k}{2h}$ |
| $w$ | $\tilde{w}^{MM*}=\dfrac{A+\alpha c_m}{2\alpha}$ | $\bar{w}^{MM*}=\dfrac{(1+\lambda)A+(1+3\lambda)\alpha c_m}{2(1+2\lambda)\alpha}$ | $w^{MM*}=\dfrac{A+\alpha c_m}{2\alpha}$ |
| $b_{mj}$ | N/A | N/A | N/A |
| $\pi_m^*$ | $\tilde{\pi}_m^{MM*}=\dfrac{P_f}{2(1+\lambda)}+P_r$ | $\bar{\pi}_m^{MM*}=\dfrac{(1+\lambda)P_f}{2(1+2\lambda)}+P_r$ | $\pi_m^{MM*}=\dfrac{P_f}{2}+P_r$ |
| $\pi_r^*$ | $\tilde{\pi}_r^{MM*}=\dfrac{(1+2\lambda)P_f}{4(1+\lambda)^2}$ | $\bar{\pi}_r^{MM*}=\dfrac{(1+4\lambda)P_f}{4(1+2\lambda)}$ | $\pi_r^{MM*}=\dfrac{P_f}{4}$ |
| $\pi_t^*$ | N/A | N/A | N/A |
| $\pi_c^*$ | $\tilde{\pi}_c^{MM*}=\dfrac{3+4\lambda}{4(1+\lambda)^2}P_f+P_r$ | $\bar{\pi}_c^{MM*}=\dfrac{3P_f}{4}+P_r$ | $\pi_c^{MM*}=\dfrac{3P_f}{4}+P_r$ |

**表 5.2　零售商回收渠道下的主要结果**

| 结果 | 模型 MR# | 模型 MR* | 模型 MR |
|---|---|---|---|
| $p$ | $\tilde{p}^{MR*}=\dfrac{(3+4\lambda)A+\alpha c_m}{4(1+\lambda)\alpha}$ | $\bar{p}^{MR*}=\dfrac{3A+\alpha c_m}{4\alpha}$ | $p^{MR*}=\dfrac{3A+\alpha c_m}{4\alpha}$ |
| $b_j$ | $\tilde{b}_r^{MR*}=\dfrac{h\delta-(3+4\lambda)k}{4(1+\lambda)\alpha}$ | $\bar{b}_r^{MR*}=\dfrac{h\delta-3k}{4h}$ | $b_r^{MR*}=\dfrac{h\delta-3k}{4h}$ |
| $w$ | $\tilde{w}^{MR*}=\dfrac{A+\alpha c_m}{2\alpha}$ | $\bar{w}^{MR*}=\dfrac{(1+\lambda)A+(1+3\lambda)\alpha c_m}{2(1+2\lambda)\alpha}$ | $w^{MR*}=\dfrac{A+\alpha c_m}{2\alpha}$ |
| $b_{mj}$ | $\tilde{b}_{mr}^{MR*}=\dfrac{h\delta-k}{2h}$ | $\bar{b}_{mr}^{MR*}=\dfrac{(1+3\lambda)h\delta-(1+\lambda)k}{2(1+2\lambda)h}$ | $b_{mr}^{MR*}=\dfrac{h\delta-k}{2h}$ |
| $\pi_m^*$ | $\tilde{\pi}_m^{MR*}=\dfrac{P_f+P_r}{2(1+\lambda)}$ | $\bar{\pi}_m^{MR*}=\dfrac{(1+\lambda)(P_f+P_r)}{2(1+2\lambda)}$ | $\pi_m^{MR*}=\dfrac{P_f+P_r}{2}$ |
| $\pi_r^*$ | $\tilde{\pi}_r^{MR*}=\dfrac{(1+2\lambda)(P_f+P_r)}{4(1+\lambda)^2}$ | $\bar{\pi}_r^{MR*}=\dfrac{(1+4\lambda)(P_f+P_r)}{4(1+2\lambda)}$ | $\pi_r^{MR*}=\dfrac{P_f+P_r}{4}$ |
| $\pi_t^*$ | N/A | N/A | N/A |
| $\pi_c^*$ | $\tilde{\pi}_c^{MR*}=\dfrac{(3+4\lambda)(P_f+P_r)}{4(1+\lambda)^2}$ | $\bar{\pi}_c^{MR*}=\dfrac{3}{4}(P_f+P_r)$ | $\pi_c^{MR*}=\dfrac{3}{4}(P_f+P_r)$ |

**表 5.3　第三方回收渠道下的主要结果**

| 结果 | 模型 MT# | 模型 MT* | 模型 MT |
|---|---|---|---|
| $p$ | $\tilde{p}^{MT*}=\dfrac{(3+4\lambda)A+\alpha c_m}{4(1+\lambda)\alpha}$ | $\bar{p}^{MT*}=\dfrac{3A+\alpha c_m}{4\alpha}$ | $p^{MT*}=\dfrac{3A+\alpha c_m}{4\alpha}$ |

（续）

| 结果 | 模型 MT# | 模型 MT* | 模型 MT |
|---|---|---|---|
| $b_j$ | $\tilde{b}_t^{MT*}=\dfrac{h\delta-3k}{4h}$ | $\bar{b}_t^{MT*}=\dfrac{h\delta-3k}{4h}$ | $b_t^{MT*}=\dfrac{h\delta-3k}{4h}$ |
| $w$ | $\tilde{w}^{MT*}=\dfrac{A+\alpha c_m}{2\alpha}$ | $\bar{w}^{MT*}=\dfrac{(1+\lambda)A+(1+3\lambda)\alpha c_m}{2(1+2\lambda)\alpha}$ | $w^{MT*}=\dfrac{A+\alpha c_m}{2\alpha}$ |
| $b_{mj}$ | $\tilde{b}_{mt}^{MT*}=\dfrac{h\delta-k}{2h}$ | $\bar{b}_{mt}^{MT*}=\dfrac{h\delta-k}{2h}$ | $b_{mt}^{MT*}=\dfrac{h\delta-k}{2h}$ |
| $\pi_m^*$ | $\tilde{\pi}_m^{MT*}=\dfrac{P_f}{2(1+\lambda)}+\dfrac{P_r}{2}$ | $\bar{\pi}_m^{MT*}=\dfrac{(1+\lambda)P_f}{2(1+2\lambda)}+\dfrac{P_r}{2}$ | $\pi_m^{MT*}=\dfrac{P_f}{2}+\dfrac{P_r}{2}$ |
| $\pi_r^*$ | $\tilde{\pi}_r^{MT*}=\dfrac{(1+2\lambda)P_f}{4(1+\lambda)^2}$ | $\bar{\pi}_r^{MT*}=\dfrac{(1+4\lambda)P_f}{4(1+2\lambda)}$ | $\pi_r^{MT*}=\dfrac{P_f}{4}$ |
| $\pi_t^*$ | $\tilde{\pi}_t^{MT*}=\dfrac{P_r}{4}$ | $\bar{\pi}_t^{MT*}=\dfrac{P_r}{4}$ | $\pi_t^{MT*}=\dfrac{P_r}{4}$ |
| $\pi_c^*$ | $\tilde{\pi}_c^{MT*}=\dfrac{(3+4\lambda)P_f}{4(1+\lambda)^2}+\dfrac{3P_r}{4}$ | $\bar{\pi}_c^{MT*}=\dfrac{3}{4}(P_f+P_r)$ | $\pi_c^{MT*}=\dfrac{3}{4}(P_f+P_r)$ |

## 5.5.1 竞争偏好行为不容忽视

首先，分析零售商的竞争偏好行为是否可以忽视. 由表 5.1、表 5.2 和表 5.3 可以得到如下一些结论.

**定理 5.7** 制造商回收渠道结构下，3 种情景的最优定价决策关系如下：$\bar{w}^{MM*}\leqslant w^{MM*}=\tilde{w}^{MM*}$，$\bar{p}^{MM*}=p^{MM*}\leqslant\tilde{p}^{MM*}$ 和 $\bar{b}_m^{MM*}=b_m^{MM*}=\tilde{b}_m^{MM*}$.

**定理 5.8** 零售商回收渠道结构下，3 种情景的最优定价决策关系如下：$\bar{w}^{MR*}\leqslant w^{MR*}=\tilde{w}^{MR*}$，$p^{MR*}=\bar{p}^{MR*}\leqslant\tilde{p}^{MR*}$，$b_{mr}^{MR*}=\tilde{b}_{mr}^{MR*}\leqslant\bar{b}_{mr}^{MR*}$ 和 $b_r^{MR*}=\bar{b}_r^{MR*}\leqslant\tilde{b}_r^{MR*}$.

**定理 5.9** 第三方回收渠道结构下，3 种情景的最优定价决策关系如下：$\bar{w}^{MT*}\leqslant\tilde{w}^{MT*}=w^{MT*}$，$p^{MT*}=\bar{p}^{MT*}\leqslant\tilde{p}^{MT*}$，$b_{mt}^{MT*}=\tilde{b}_{mt}^{MT*}=\bar{b}_{mt}^{MT*}$ 和 $\tilde{b}_t^{MT*}=\bar{b}_t^{MT*}=b_t^{MT*}$.

上述定理 5.7、定理 5.8 和定理 5.9 表明，在 3 种渠道结构中零售商的竞争偏好行为不容忽视. 当制造商忽视零售商的竞争偏好行为时，零售商将会提高零售价格（在零售商回收渠道中还会提高回收价格）. 制造商考虑零售商的竞争偏好行为，意味着制造商通过降低批发价格（在零售商回收渠道中还要提高回收转移价格）让利于零售商，使得零售商保持零售价格（在零售商回收渠道中零售商还要保持回收价格）保持在零售商没有竞争偏好时的最优水平，从而使得系统绩效免受竞争偏好行为的影响.

**定理 5.10** 制造商回收渠道结构下，系统的利润，制造商的利润和零售商的利润在 3 种情景中的关系如下：$\pi_c^{C*}>\pi_c^{MM*}=\bar{\pi}_c^{MM*}\geqslant\tilde{\pi}_c^{MM*}$，$\pi_m^{MM*}\geqslant\bar{\pi}_m^{MM*}\geqslant$

$\tilde{\pi}_m^{\mathrm{MM}*}$ 和 $\bar{\pi}_r^{\mathrm{M}*} \geqslant \pi_r^{\mathrm{M}*} \geqslant \tilde{\pi}_r^{\mathrm{M}*}$.

**定理 5.11**　零售商回收渠道结构下，系统的利润，制造商的利润和零售商的利润在 3 种情景下中的关系如下：$\pi_c^{\mathrm{C}*} > \pi_c^{\mathrm{MR}*} = \bar{\pi}_c^{\mathrm{MR}*} \geqslant \tilde{\pi}_c^{\mathrm{MR}*}$，$\pi_m^{\mathrm{MR}*} \geqslant \bar{\pi}_m^{\mathrm{MR}*} \geqslant \tilde{\pi}_m^{\mathrm{MR}*}$ 和 $\bar{\pi}_r^{\mathrm{MR}*} \geqslant \pi_r^{\mathrm{MR}*} \geqslant \tilde{\pi}_r^{\mathrm{MR}*}$.

**定理 5.12**　第三方回收渠道结构下，系统的利润，制造商的利润和零售商的利润在 3 种情景中的关系如下：$\pi_c^{\mathrm{C}*} > \pi_c^{\mathrm{MT}*} = \bar{\pi}_c^{\mathrm{MT}*} \geqslant \tilde{\pi}_c^{\mathrm{MT}*}$，$\pi_m^{\mathrm{MT}*} \geqslant \bar{\pi}_m^{\mathrm{MT}*} \geqslant \tilde{\pi}_m^{\mathrm{MT}*}$ 和 $\bar{\pi}_r^{\mathrm{MT}*} \geqslant \pi_r^{\mathrm{MT}*} \geqslant \tilde{\pi}_r^{\mathrm{MT}*}$.

定理 5.10、定理 5.11 和定理 5.12 展示了零售商的竞争偏好行为对 3 种渠道结构下闭环供应链绩效的影响. 如果制造商不考虑零售商的竞争偏好行为，系统的利润、制造商的利润和零售商的利润全部下降. 如果制造商考虑零售商的竞争偏好行为，零售商的利润增加，制造商的利润下降，系统的利润保持在零售商不具有竞争行为时的最优水平.

为了形象地展示零售商的竞争偏好行为在不同情境下对系统定价决策和绩效的影响，下面进行数值仿真，如图 5.1 ~ 图 5.3 所示. 参数的选取如下：$A=120$，$\alpha=10$，$k=10$，$h=2$，$c_m=10$，$c_0=6$，$\delta=4$.

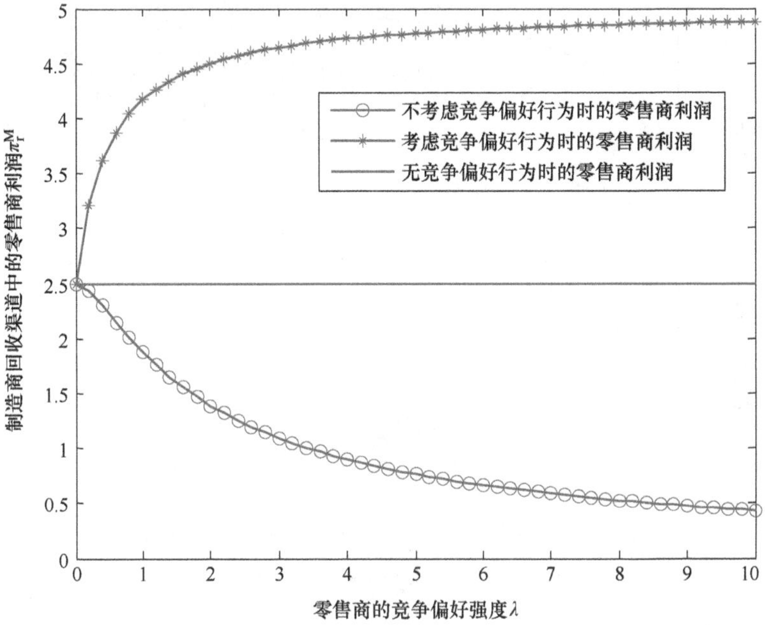


a)

图 5.1　3 种渠道下零售商的利润

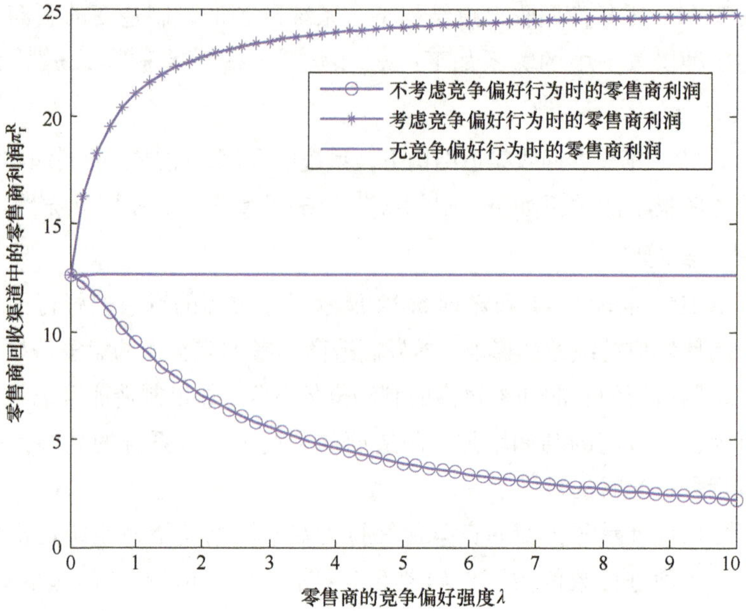


b)

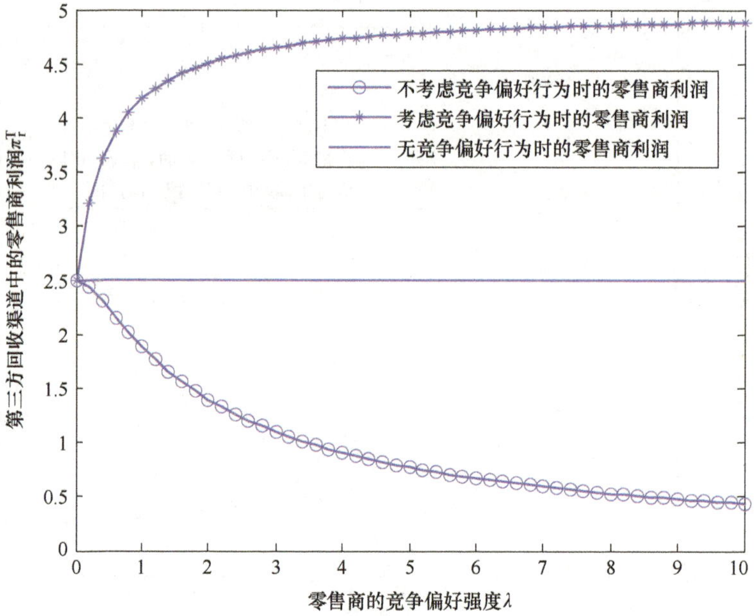


c)

图 5.1　3 种渠道下零售商的利润（续）

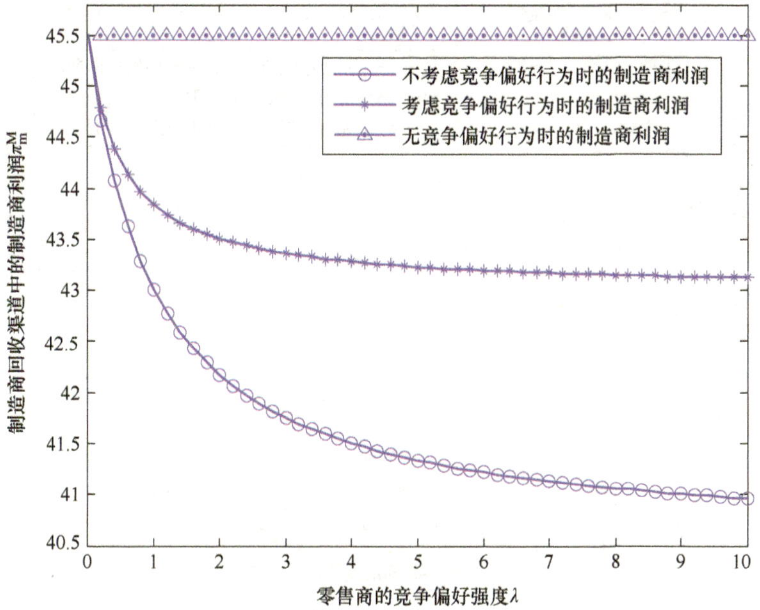

a)

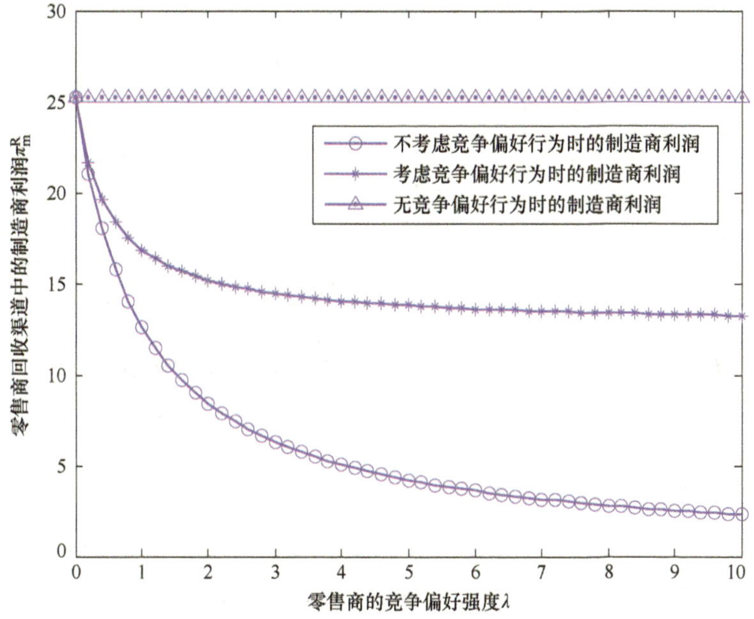

b)

图 5.2　3 种渠道下制造商的利润

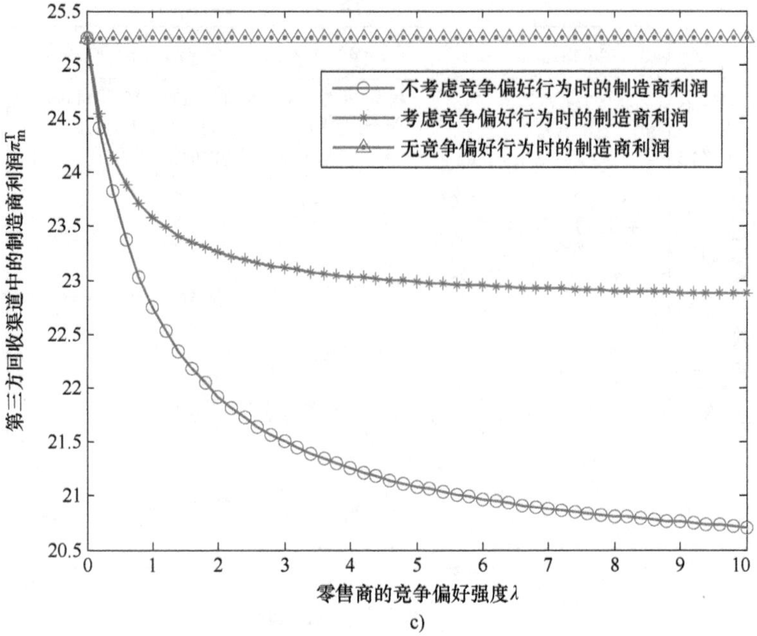


c)

图 5.2　3 种渠道下制造商的利润（续）

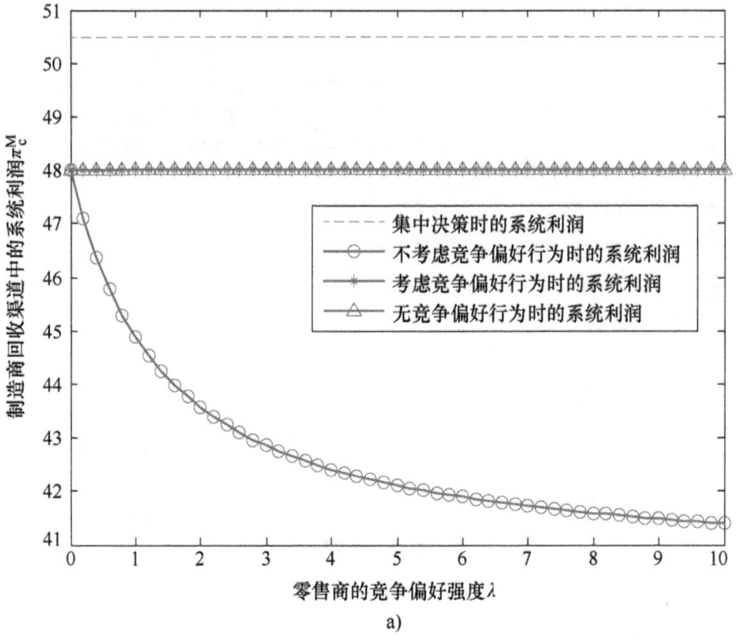


a)

图 5.3　3 种渠道下系统的利润

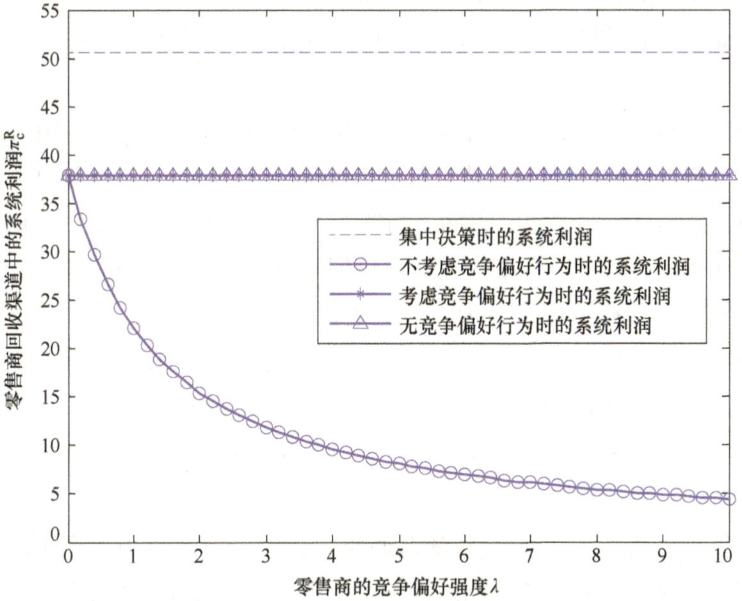


b)

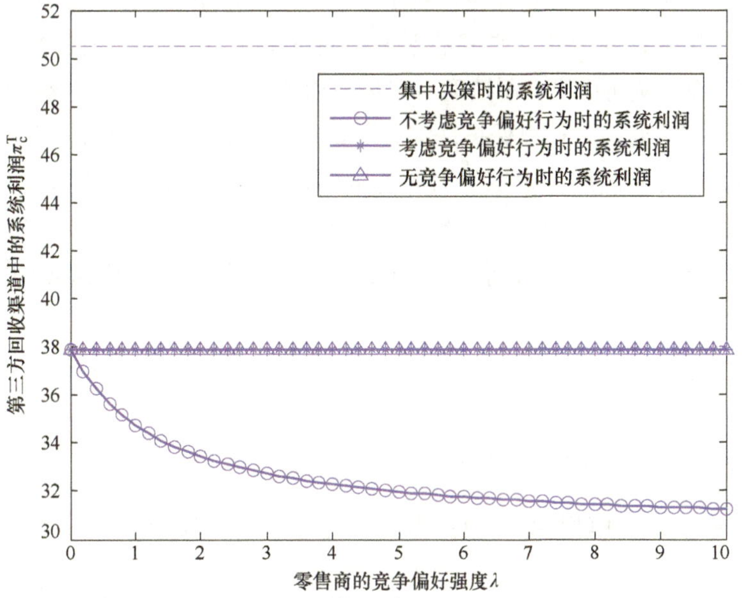


c)

图5.3 3种渠道下系统的利润（续）

如图5.1所示，展示了零售商的竞争偏好行为对零售商利润的影响. 如果制造商考虑零售商的竞争偏好行为，零售商的利润将高于不具有竞争偏好时的利润. 如果制造商忽视零售商的竞争偏好行为，那么零售商的利润将低于不具有竞争偏好时的利润. 这一结果表明，零售商希望其竞争偏好行为被制造商考虑.

如图 5.2 所示，展示了零售商的竞争偏好行为对制造商利润的影响. 如果制造商考虑零售商的竞争偏好行为，那么制造商的利润将高于制造商不考虑零售商的竞争偏好行为时的利润. 因此，制造商不得不考虑零售商的竞争偏好行为.

如图 5.3 所示，展示了零售商的竞争偏好行为对系统利润的影响. 如果制造商不考虑零售商的竞争偏好行为，那么系统的利润将受损，并且零售商的竞争偏好强度越强，系统的利润损失就越多. 如果制造商考虑零售商的竞争偏好行为，那么系统的利润保持在零售商不具有竞争偏好的最优水平，使得系统免受竞争偏好行为的影响. 因此，从系统的角度来看，零售商的竞争偏好行为也不能够被忽视.

基于以上分析，发现无论从制造商本身的视角，还是从系统的视角来看，制造商都应该对零售商的竞争偏好行为给予考虑. 当制造商考虑零售商的竞争偏好行为时，系统利润保持在零售商竞争中性时的最优水平不变. 随着零售商竞争偏好强度的增强，制造商分享到的渠道利润越来越少，而零售商分享到的渠道利润越来越多. 换句话说，制造商对零售商竞争偏好行为的考虑，意味着制造商通过让利于零售商，才得以保护系统免受零售商竞争偏好行为的影响.

制造商若无限制地考虑零售商的竞争偏好行为，即让利于零售商，最终零售商的利润会达到零售商作为主导时的利润吗？具有竞争偏好行为的零售商具有怎样的本质特征？在接下来的小节中，将对制造商和零售商之间的博弈做进一步的分析.

## 5.5.2 竞争偏好行为本质分析

### 5.5.2.1 模型 MM* 中竞争偏好行为分析

**定理 5.13** 在模型 MM* 中：当 $\lambda^{M}=\frac{1}{2}$时，有 $\bar{\pi}_{mF}^{MM^*}=\bar{\pi}_{r}^{MM^*}$；当 $\lambda^{M}<\frac{1}{2}$时，有 $\bar{\pi}_{mF}^{MM^*}>\bar{\pi}_{r}^{MM^*}$；当 $\lambda^{M}>\frac{1}{2}$时，有 $\bar{\pi}_{mF}^{MM^*}<\bar{\pi}_{r}^{MM^*}$ 和 $\lim\limits_{\lambda\to\infty}\bar{\pi}_{mF}^{MM^*}=\frac{1}{2}\pi_{mF}^{MM^*}=\pi_{r}^{MM^*}$.（其中 $\bar{\pi}_{mF}^{MM^*}$ 表示制造商在正向渠道中获得的利润.）

**证明：** 将 $\bar{\pi}_{mF}^{MM^*}=\frac{(1+\lambda)P_f}{2(1+2\lambda)}$ 和 $\bar{\pi}_{r}^{MM^*}=\frac{(1+4\lambda)P_f}{4(1+2\lambda)}$ 做差得到 $\bar{\pi}_{mF}^{MM^*}-\bar{\pi}_{r}^{MM^*}=$

$\frac{(1-2\lambda)P_f}{4(1+2\lambda)}$. 于是，当 $\lambda^M=\frac{1}{2}$时，有 $\bar{\pi}_{mF}^{MM^*}=\bar{\pi}_r^{MM^*}$；当 $\lambda^M<\frac{1}{2}$时，有 $\bar{\pi}_{mF}^{MM^*}>\bar{\pi}_r^{MM^*}$；当 $\lambda^M>\frac{1}{2}$时，有 $\bar{\pi}_{mF}^{MM^*}<\bar{\pi}_r^{MM^*}$. 此外，$\lim\limits_{\lambda\to\infty}\bar{\pi}_{mF}^{MM^*}=\lim\limits_{\lambda\to\infty}\frac{(1+\lambda)P_f}{2(1+2\lambda)}=\frac{P_f}{4}=\frac{1}{2}\pi_{mF}^{MM^*}=\pi_r^{MM^*}$. 证毕.

定理 5.13 给出了在模型 MM* 中的第一个关键值 $\lambda_1^M=\frac{1}{2}$（见图 5.4）. 当 $\lambda^M=\frac{1}{2}$时，零售商的利润等于制造商从正向渠道中获得的利润. 当 $\lambda^M>\frac{1}{2}$时，制造商从正向渠道中获得的利润低于零售商的利润.

随着零售商竞争偏好的无限增大，制造商的利润会低至何种程度，制造商的利润会低于当零售商成为主导者时的利润吗？为进一步的分析，假设制造商为跟从者，零售商为渠道的主导者且没有竞争偏好行为，即为模型 RM（见 4.2.1 节）. 结合引理 4.1 和引理 5.2，可以得到定理 5.14.

**定理 5.14**　在制造商作为渠道领导者的模型 MM* 和在零售商作为渠道领导者的模型 RM 中，制造商的利润大小关系为 $\bar{\pi}_m^{MM^*}>\pi_m^{RM^*}$.

**证明：** 由 $\bar{\pi}_m^{MM^*}-\pi_m^{RM^*}=\frac{(1+\lambda)P_f}{2(1+2\lambda)}+P_r-\left(\frac{P_f}{4}+P_r\right)=\frac{P_f}{4(1+2\lambda)}>0$，可知 $\bar{\pi}_m^{MM^*}>\pi_m^{RM^*}$. 证毕.

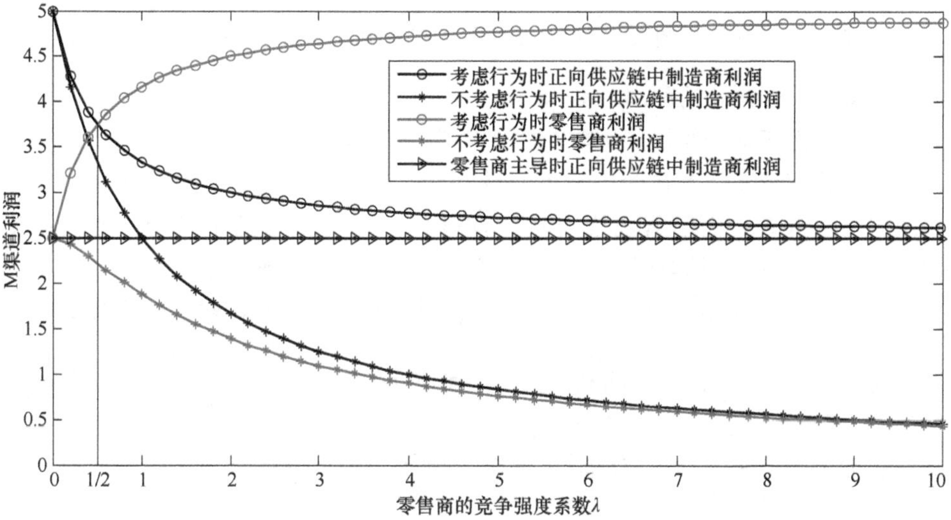


图 5.4　制造商回收渠道中零售商的竞争偏好策略

显然模型 MM* 中制造商的利润要高于模型 RM（见图 5.4）. 这意味着，制造商对零售商竞争偏好行为的考虑不会使得制造商丢掉主导地位. 随着零售商竞争偏好的增强, 制造商由于让利于零售商, 分享到的渠道利润越来越少, 零售商分享到的渠道利润越来越多. 结合定理 5.13, 发现在制造商回收渠道中, 零售商可以任意增强其竞争偏好的强度, 得寸进尺. 可见, 具有竞争偏好行为的零售商 "得寸进尺", 像极了 "把鼻子伸到帐篷底下的骆驼".

#### 5.5.2.2 模型 MR* 中竞争偏好行为分析

**定理 5.15** 在模型 MR* 中, 当 $\lambda^{R}=\frac{1}{2}$时, 有 $\bar{\pi}_m^{MR*}=\bar{\pi}_r^{MR*}$; 当 $\lambda^{R}<\frac{1}{2}$时, 有 $\bar{\pi}_m^{MR*}>\bar{\pi}_r^{MR*}$; 当 $\lambda^{R}>\frac{1}{2}$时, 有 $\bar{\pi}_m^{MR*}<\bar{\pi}_r^{MR*}$ 和 $\lim\limits_{\lambda\to\infty}\bar{\pi}_m^{MR*}=\frac{1}{2}\pi_m^{MR*}=\pi_r^{MR*}$.

**证明:** 由 $\bar{\pi}_m^{MR*}=\frac{(1+\lambda)(P_f+P_r)}{2(1+2\lambda)}$和 $\bar{\pi}_r^{MR*}=\frac{(1+4\lambda)(P_f+P_r)}{4(1+2\lambda)}$, 做差可得 $\bar{\pi}_m^{MR*}-\bar{\pi}_r^{MR*}=\frac{(1-2\lambda)(P_f+P_r)}{4(1+2\lambda)}$, 令 $\lambda_1^{R}=\frac{1}{2}$. 于是, 当 $\lambda^{R}=\lambda_1^{R}$ 时, 有 $\bar{\pi}_m^{MR*}=\bar{\pi}_r^{MR*}$; 当 $\lambda^{R}<\lambda_1^{R}$ 时, 有 $\bar{\pi}_m^{MR*}>\bar{\pi}_r^{MR*}$; 当 $\lambda^{R}>\lambda_1^{R}$ 时, 有 $\bar{\pi}_m^{MR*}<\bar{\pi}_r^{MR*}$. 此外, $\lim\limits_{\lambda\to\infty}\bar{\pi}_m^{MR*}=\frac{(1+\lambda)(P_f+P_r)}{2(1+2\lambda)}=\frac{1}{4}(P_f+P_r)=\frac{1}{2}\pi_m^{MR*}=\pi_r^{MR*}$. 证毕.

定理 5.15 给出了在模型 MR* 中的第一个关键值 $\lambda_1^{R}=\frac{1}{2}$ (见图 5.5). 当 $\lambda^{R}=\frac{1}{2}$时, 零售商的利润可以分享到与制造商等同的利润. 当 $\lambda^{R}>\frac{1}{2}$时, 制造商的利润将低于零售商的利润.

随着零售商竞争偏好的无限增大, 制造商的利润会低至何种程度? 制造商的利润会低于当零售商作为主导者时的利润吗? 为了做进一步的分析, 假设制造商作为跟从者, 而零售商没有竞争偏好行为作为渠道的主导者, 即为模型 RR (见 4.2.2 节). 结合引理 4.2 以及定理 5.4, 可以得到定理 5.16.

**定理 5.16** 在制造商作为渠道领导者的模型 MR* 中和在零售商作为渠道领导者的模型 RR 中, 制造商的利润大小关系满足: 如果 $\lambda^{R}=\frac{9P_f+2P_r}{14P_r}$, 有 $\bar{\pi}_m^{MR*}=\pi_m^{RR*}$; 如果 $\lambda^{R}<\frac{9P_f+2P_r}{14P_r}$, 有 $\bar{\pi}_m^{MR*}>\pi_m^{RR*}$; 如果 $\lambda^{R}>\frac{9P_f+7P_r}{4P_r}$, 有 $\bar{\pi}_m^{MR*}<\pi_m^{RR*}$.

**证明:** 做差得 $\bar{\pi}_m^{MR*}-\pi_m^{RR*}=\frac{(1+\lambda)(P_f+P_r)}{2(1+2\lambda)}-\left(\frac{P_f}{4}+\frac{4P_r}{9}\right)$, 令 $\lambda_2^{R}=\frac{9P_f+2P_r}{14P_r}$. 当 $\lambda^{R}=\lambda_2^{R}$ 时, 有 $\bar{\pi}_m^{MR*}=\pi_m^{RR*}$; 当 $\lambda^{R}<\lambda_2^{R}$ 时, 有 $\bar{\pi}_m^{MR*}<\pi_m^{RR*}$; 当 $\lambda^{R}>\lambda_2^{R}$ 时, 有

$\bar{\pi}_m^{\mathrm{MR}^*} > \pi_m^{\mathrm{RR}^*}$. 证毕.

定理 5.16 给出了模型 MR$^*$ 中的第 2 个关键值 $\lambda_2^{\mathrm{R}} = \dfrac{9P_f+2P_r}{14P_r}$（见图 5.5）. 当 $\lambda^{\mathrm{R}} > \lambda_2^{\mathrm{R}}$ 时，制造商的利润会低于制造商是跟随者时的利润. 也就是说，制造商对零售商竞争偏好行为的考虑会使得制造商丢掉优势主导地位. 此时的零售商如同“将主人挤出帐篷的那只骆驼”，不但得寸进尺，甚至还会剥夺“主人的领导地位”.

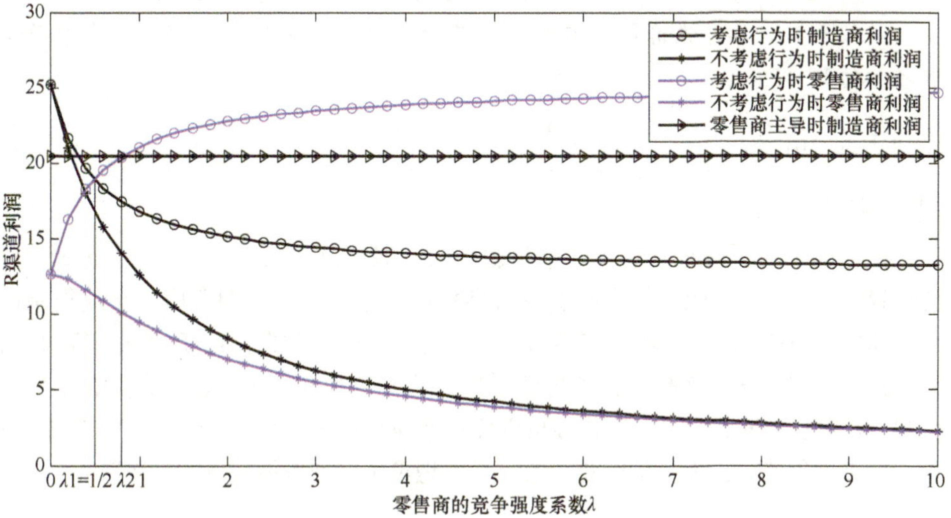


图 5.5 零售商回收渠道中零售商的竞争偏好策略

#### 5.5.2.3 模型 MT$^*$ 中竞争偏好行为分析

**定理 5.17** 在模型 MT$^*$ 中：当 $\lambda^{\mathrm{T}} = \frac{1}{2}$ 时，有 $\bar{\pi}_{mF}^{\mathrm{MT}^*} = \bar{\pi}_r^{\mathrm{MT}^*}$；当 $\lambda^{\mathrm{T}} < \frac{1}{2}$ 时，有 $\bar{\pi}_{mF}^{\mathrm{MT}^*} > \bar{\pi}_r^{\mathrm{MT}^*}$；当 $\lambda^{\mathrm{T}} > \frac{1}{2}$ 时，有 $\bar{\pi}_{mF}^{\mathrm{MT}^*} < \bar{\pi}_r^{\mathrm{MT}^*}$ 和 $\lim\limits_{\lambda\to\infty} \bar{\pi}_{mF}^{\mathrm{MT}^*} = \frac{1}{2}\pi_{mF}^{\mathrm{MT}^*} = \pi_r^{\mathrm{MT}^*}$.（其中 $\bar{\pi}_{mF}^{\mathrm{MT}^*}$ 表示制造商在正向渠道中获得的利润.）

**证明：** 由 $\bar{\pi}_{mF}^{\mathrm{MT}^*} = \dfrac{(1+\lambda)P_f}{2(1+2\lambda)}$ 和 $\bar{\pi}_r^{\mathrm{MT}^*} = \dfrac{(1+4\lambda)P_f}{4(1+2\lambda)}$ 做差得 $\bar{\pi}_{mF}^{\mathrm{MT}^*} - \bar{\pi}_r^{\mathrm{MT}^*} = \dfrac{(1-2\lambda)P_f}{4(1+2\lambda)}$. 于是，当 $\lambda^{\mathrm{T}} = \frac{1}{2}$ 时，有 $\bar{\pi}_{mF}^{\mathrm{MT}^*} = \bar{\pi}_r^{\mathrm{MT}^*}$；当 $\lambda^{\mathrm{T}} < \frac{1}{2}$，时，有 $\bar{\pi}_{mF}^{\mathrm{MT}^*} > \bar{\pi}_r^{\mathrm{MT}^*}$；当 $\lambda^{\mathrm{T}} > \frac{1}{2}$ 时，有 $\bar{\pi}_{mF}^{\mathrm{MT}^*} < \bar{\pi}_r^{\mathrm{MT}^*}$. 此外，$\lim\limits_{\lambda\to\infty} \bar{\pi}_{mF}^{\mathrm{MT}^*} = \lim\limits_{\lambda\to\infty} \dfrac{(1+\lambda)P_f}{2(1+2\lambda)} = \dfrac{1}{4}P_f = \dfrac{1}{2}\pi_{mF}^{\mathrm{MT}^*} = \pi_r^{\mathrm{MT}^*}$. 证毕.

定理 5.17 给出了在模型 MT$^*$ 中的第一个关键值 $\lambda^{\mathrm{T}} = \frac{1}{2}$（见图 5.6）. 当

$\lambda^{T}<\dfrac{1}{2}$时，零售商的利润等于制造商从正向渠道中获得的利润. 当 $\lambda^{T}>\dfrac{1}{2}$时，制造商从正向渠道中获得的利润低于零售商的利润.

随着零售商竞争偏好的无限增大，制造商的利润会低至何种程度？制造商的利润会低于当零售商作为主导者时的利润吗？为了做进一步的分析，假设制造商作为跟从者，而零售商没有竞争偏好行为作为渠道的主导者，于是有模型 RM（见 4. 2. 3 节）. 结合引理 4. 3 和引理 5. 6，可以得到定理 5. 18.

**定理 5. 18** 在制造商作为渠道领导者的模型 MT* 中和在零售商作为渠道领导者的模型 RT 中，制造商的利润大小关系为 $\bar{\pi}_m^{MT*}>\pi_m^{RT*}$.

**证明：** 由 $\bar{\pi}_m^{MT*}-\pi_m^{RT*}=\dfrac{(1+\lambda)P_f}{2(1+2\lambda)}+\dfrac{P_r}{2}-\left(\dfrac{P_f}{4}+\dfrac{4P_r}{9}\right)=\dfrac{P_f}{4(1+2\lambda)}+\dfrac{P_r}{18}>0$ 可知 $\bar{\pi}_m^{MT*}>\pi_m^{RT*}$. 证毕.

由定理 5. 18，显然模型 MT* 中制造商的利润要高于模型 RT（见图 5. 6）. 这意味着，在第三方回收渠道中制造商对零售商竞争偏好行为的考虑不会使得制造商丢掉主导地位. 但是，随着零售商竞争偏好的增强，制造商由于让利于零售商，分享到的渠道利润越来越少，零售商分享到的渠道利润越来越多. 结合定理 5. 17 可知，在第三方回收渠道中零售商可以任意增强其竞争偏好的强度，得寸进尺. 可见，具有竞争偏好行为的零售商，像极了“把鼻子伸到帐篷底下的骆驼”.

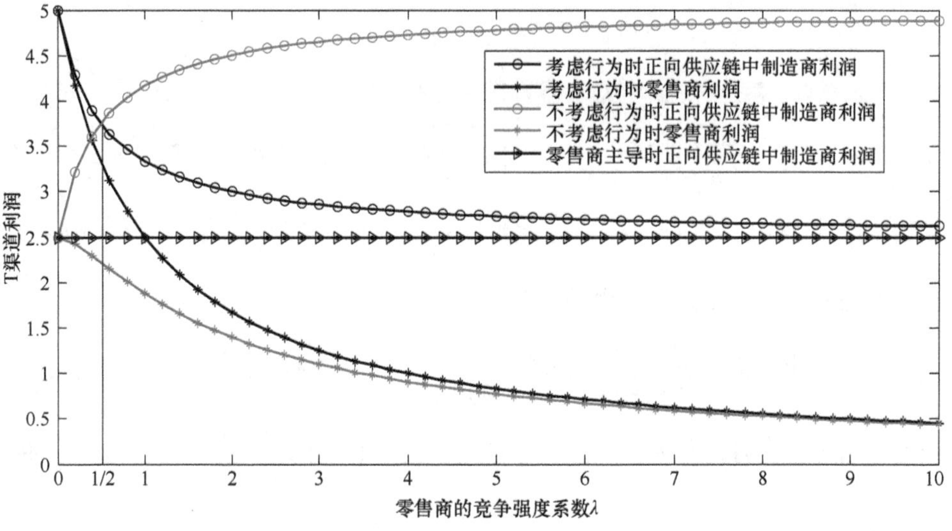


图 5. 6　第三方回收渠道中零售商的竞争偏好策略

以上对伴随零售商竞争偏好增强的博弈分析，发现随着零售商竞争偏好强度的增强，不得不考虑零售商竞争偏好行为的制造商的利润越来越少，零售商分享到了越来越多的渠道利润. 具有竞争偏好行为的零售商就如同“把鼻子伸到帐篷底下的骆驼”，得寸进尺. 特别地，在零售商回收渠道结构下，当零售商的竞争偏好强度足够大时，制造商的利润会低于当零售商作为主导者时的利润，而在制造商回收渠道和第三方回收渠道不会发生这样的现象. 这意味着，零售商竞争偏好行为的影响在零售商回收渠道要强于在制造商回收渠道以及第三方回收渠道中的影响. 这一结论背后的原因在于，在零售商回收渠道中制造商与零售商之间的交互既涉及正向渠道，也涉及逆向渠道，零售商有更多的机会与制造商讨价还价.

通过以上分析，发现零售商的竞争偏好对于制造商十分不利. 不得不考虑零售商竞争偏好行为的制造商通过牺牲自身利益让利给零售商，保护了系统利润不受竞争偏好行为的影响，但相比集中决策，仍然存在绩效损失. 针对这种情况，在 5. 6 节中将进行契约设计提升利润，实现闭环供应链的协调.

### 5. 5. 3　回收渠道选择分析

从上面的分析发现，无论是从制造商自身的视角还是从系统的视角来看，制造商都必须要考虑零售商的竞争偏好行为. 接下来，讨论涉及零售商竞争偏好行为时闭环供应链最有效的回收渠道. 表 5. 4 总结了 3 种回收渠道结构下制造商考虑零售商的竞争偏好行为时模型的主要结果.

表 5. 4　考虑零售商竞争偏好行为模型主要结果

| 结果 | 模型 MM* | 模型 MR* | 模型 MT* |
|---|---|---|---|
| $p$ | $p^{\mathrm{MM}*}=\dfrac{3A+\alpha c_m}{4\alpha}$ | $p^{\mathrm{MR}*}=\dfrac{3A+\alpha c_m}{4\alpha}$ | $p^{\mathrm{MT}*}=\dfrac{3A+\alpha c_m}{4\alpha}$ |
| $b_j$ | $b_m^{\mathrm{MM}*}=\dfrac{h\delta-k}{2h}$ | $b_r^{\mathrm{MR}*}=\dfrac{h\delta-3k}{4h}$ | $b_t^{\mathrm{MT}*}=\dfrac{h\delta-3k}{4h}$ |
| $w$ | $w^{\mathrm{MM}*}=\dfrac{(1+\lambda)A+(1+3\lambda)\alpha c_m}{2(1+2\lambda)\alpha}$ | $w^{\mathrm{MR}*}=\dfrac{(1+\lambda)A+(1+3\lambda)\alpha c_m}{2(1+2\lambda)\alpha}$ | $w^{\mathrm{MT}*}=\dfrac{(1+\lambda)A+(1+3\lambda)\alpha c_m}{2(1+2\lambda)\alpha}$ |
| $b_{mj}$ | N/A | $b_{mr}^{\mathrm{MR}*}=\dfrac{(1+3\lambda)h\delta-(1+\lambda)k}{2(1+2\lambda)h}$ | $b_{mt}^{\mathrm{MT}*}=\dfrac{h\delta-k}{2h}$ |
| $\pi_m^*$ | $\pi_m^{\mathrm{MM}*}=\dfrac{(1+\lambda)P_f}{2(1+2\lambda)}+P_r$ | $\pi_m^{\mathrm{MR}*}=\dfrac{(1+\lambda)(P_f+P_r)}{2(1+2\lambda)}$ | $\pi_m^{\mathrm{MT}*}=\dfrac{(1+\lambda)P_f}{2(1+2\lambda)}+\dfrac{P_r}{2}$ |
| $\pi_r^*$ | $\pi_r^{\mathrm{MM}*}=\dfrac{(1+4\lambda)P_f}{4(1+2\lambda)}$ | $\pi_r^{\mathrm{MR}*}=\dfrac{(1+4\lambda)(P_f+P_r)}{4(1+2\lambda)}$ | $\pi_r^{\mathrm{MT}*}=\dfrac{(1+4\lambda)P_f}{4(1+2\lambda)}$ |
| $\pi_t^*$ | N/A | N/A | $\pi_t^{\mathrm{MT}*}=\dfrac{P_r}{4}$ |
| $\pi_c^*$ | $\pi_c^{\mathrm{MM}*}=\dfrac{3P_f}{4}+P_r$ | $\pi_c^{\mathrm{MR}*}=\dfrac{3}{4}(P_f+P_r)$ | $\pi_c^{\mathrm{MT}*}=\dfrac{3}{4}(P_f+P_r)$ |

**定理 5.19** 在模型 MM*，模型 MR* 和模型 MT* 中，制造商的利润、零售商的利润和系统利润的关系为 $\pi_m^{\mathrm{MM}*}>\pi_m^{\mathrm{MT}*}>\pi_m^{\mathrm{MR}*}$，$\pi_r^{\mathrm{MR}*}>\pi_r^{\mathrm{MM}*}=\pi_r^{\mathrm{MT}*}$ 和 $\pi_c^{\mathrm{C}*}>\pi_c^{\mathrm{MM}*}>\pi_c^{\mathrm{MR}*}=\pi_c^{\mathrm{MT}*}$.

容易发现，除集中决策外，制造商的利润和系统的利润在制造商回收渠道中是最高的. 定理 5.19 给出了本书的一个重要结论：当零售商具有竞争偏好行为时，从制造商的视角和系统的视角来看，制造商回收渠道最有效.

此外，在模型 MM*，模型 MR* 和模型 MT* 的结果中，令 $\lambda=0$，可以得到零售商竞争中性时的结果（见 3.3 节表 3.1）. 结合定理 3.3 发现，零售商的竞争偏好并没有改变闭环供应链最有效的回收渠道.

## 5.6 契约设计

尽管许多研究调查了闭环供应链的协调问题[2][85][90][97][98][100]，只有少数研究涉及了行为的协调. 在这一节中，通过契约的设计实现涉及零售商竞争偏好行为的闭环供应链的协调，进一步提升系统和各方的利润. 虽然二部制定价契约经常被使用，它有时并不方便或者不受零售商的欢迎[73][135]. 本书考虑应用收益-费用共享（RCS）契约来协调 3 种回收渠道下的闭环供应链系统.

### 5.6.1 制造商回收渠道中的契约设计

在制造商回收渠道中，作为渠道主导者的制造商（$L$）需要提供一个合适的收益-费用共享契约 $\{w^{\mathrm{MMe}},\Phi^{\mathrm{MM}}\}$ 给跟从者零售商（$F$）. 其中，$w^{\mathrm{MMe}}$代表批发价格，$\Phi^{\mathrm{MM}}$代表零售商的收益分享比例. 为取得闭环供应链的协调，零售商价格和回收价格需要与集中决策情形中的相同. 于是，建立协调问题的模型如下：

$$(L):\max_{w,\Phi}\pi_m^{\mathrm{MMe}}=[(1-\Phi)p+w-c_m](A-\alpha p)+(\delta-b_m)(k+hb_m)$$

$$\text{s.t.}\begin{cases}(\bar{p}^{\mathrm{MMe}*})=\operatorname{argmax}\{U_r^{\mathrm{MMe}}\},\\ \bar{p}^{\mathrm{MMe}*}=p^{\mathrm{C}*},\\ \bar{b}_m^{\mathrm{MMe}*}=b^{\mathrm{C}*},\\ \pi_m^{\mathrm{MMe}*}\geqslant\bar{\pi}_m^{\mathrm{MM}*},\\ U_r^{\mathrm{MMe}*}\geqslant U_r^{\mathrm{MM}*};\end{cases}$$

$$(F):\max_{p}U_r^{\mathrm{MMe}}=[(1+\lambda)\Phi p-(1+\lambda)w-\lambda(1-\Phi)p-\lambda w+\lambda c_m](A-\alpha p)-\lambda(\delta-b_m)(k+hb_m).$$

基于上面的模型，可以得到定理 5.20.

**定理 5.20**　在模型 MM* 中，制造商提供收益-费用共享契约 $\{w^{\mathrm{MMe}*}, b_m^{\mathrm{MMe}*}, \Phi^{\mathrm{MM}*}\} = \left\{\Phi^{\mathrm{MM}*} c_m, \Phi^{\mathrm{MM}*}\delta, \Phi^{\mathrm{MM}*} = \dfrac{1+5\lambda}{4(1+2\lambda)}\right\}$ 给具有竞争偏好的零售商，能够实现闭环供应链的协调，系统的绩效水平达到集中决策的最优水平. 协调后的利润如下：$\pi_m^{\mathrm{MMe}*} = (1-\Phi^{\mathrm{MM}*})P_f + P_r$，$\pi_r^{\mathrm{MMe}*} = \Phi^{\mathrm{MM}*} P_f$ 和 $\pi_c^{\mathrm{MMe}*} = P_f + P_r$.

**证明：** 由 $U_r^{\mathrm{MMe}}$ 的一阶条件，可得零售商的最优反应函数 $\breve{p}^{\mathrm{MMe}} = \dfrac{(1+\lambda)\Phi A - \lambda(1-\Phi)A + (1+2\lambda)\alpha w - \lambda\alpha c_m}{2(1+\lambda)\alpha\Phi - 2\lambda(1-\Phi)\alpha p}$. 令 $\breve{p}^{\mathrm{MMe}} = p^{\mathrm{C}*}$ 即 $\bar{p}^{\mathrm{MMe}*} = \dfrac{A+\alpha c_m}{2\alpha}$，可得 $w^{\mathrm{MMe}*} = \Phi^{\mathrm{MM}*} c_m$. 令 $\bar{b}_m^{\mathrm{MMe}*} = b^{\mathrm{C}*}$，即有 $b_m^{\mathrm{MMe}*} = \dfrac{h\delta - k}{2h}$. 将 $\bar{p}^{\mathrm{MMe}*}$，$\bar{w}^{\mathrm{MMe}*}$，$\bar{b}_m^{\mathrm{MMe}*}$ 分别代入 $\pi_m^{\mathrm{MMe}}$，$\pi_r^{\mathrm{MMe}}$ 和 $U_r^{\mathrm{MMe}}$，可得 $\pi_m^{\mathrm{MMe}*} = (1-\Phi^{\mathrm{MM}*})P_f + P_r$ 和 $\pi_r^{\mathrm{MMe}*} = \Phi^{\mathrm{MM}*} P_f$. 于是，$\pi_m^{\mathrm{MMe}*} + \pi_r^{\mathrm{MMe}*} = P_f + P_r = \pi_c^{\mathrm{C}*}$，即系统利润达到集中决策时的最优水平. 由约束条件 $\begin{cases}\pi_m^{\mathrm{MMe}*} \geqslant \bar{\pi}_m^{\mathrm{MM}*} \\ U_r^{\mathrm{MMe}*} \geqslant U_r^{\mathrm{MM}*}\end{cases}$，得参数 $\Phi^{\mathrm{MM}*}$ 的取值范围，即 $\dfrac{1+5\lambda}{4(1+2\lambda)} \leqslant \Phi^{\mathrm{MM}*} \leqslant \dfrac{1+3\lambda}{2(1+2\lambda)}$，以保证各方均有执行契约的动力. 对于制造商而言将最大化其利润而选择最大值 $\Phi^{\mathrm{MM}*} = \dfrac{1+5\lambda}{4(1+2\lambda)}$ 作为最终的契约参数. 证毕.

## 5.6.2　零售商回收渠道中的契约设计

在零售商回收渠道中，作为渠道主导者的制造商（$L$）需要提供一个合适的收益-费用共享契约 $\{w^{\mathrm{MRe}}, b_{mr}^{\mathrm{MRe}}, \Phi^{\mathrm{MR}}\}$ 给跟从者零售商（$F$）. 其中，$w^{\mathrm{MRe}}$ 代表批发价格，$b_{mr}^{\mathrm{MRe}}$ 代表回收转移价格，$\Phi^{\mathrm{MR}}$ 代表零售商的收益费用分享比例. 为取得闭环供应链的协调，零售商价格和回收价格需要与集中决策情形中的相同. 于是，建立协调问题的模型如下：

$$(L):\max_{w,b_{mr},\Phi} \pi_m^{\mathrm{MRe}} = [(1-\Phi)p + w - c_m](A - \alpha p) + [\delta - b_{mr} - (1-\Phi)b_r](k + hb_r)$$

$$\text{s. t.}\begin{cases}(\bar{p}^{\mathrm{MRe}*}) = \operatorname{argmax}\{U_r^{\mathrm{MRe}}\}, \\ \bar{p}^{\mathrm{MRe}*} = p^{\mathrm{C}*}, \\ \bar{b}_r^{\mathrm{MRe}*} = b^{\mathrm{C}*}, \\ \pi_m^{\mathrm{MRe}*} \geqslant \bar{\pi}_m^{\mathrm{MR}*}, \\ U_r^{\mathrm{MRe}*} \geqslant U_r^{\mathrm{MR}*};\end{cases}$$

$$(F):\max_{p,b_r} U_r^{\mathrm{MRe}}=[(1+2\lambda)\Phi p-(1+2\lambda)w-\lambda p+\lambda c_m](A-\alpha p)+[(1+2\lambda)b_m-(1+2\lambda)\Phi b_r-\lambda\delta+\lambda b_r](k+hb_r).$$

基于上面的模型，可以得到定理 5.21.

**定理 5.21** 在模型 MR* 中，制造商提供收益-费用共享契约 $\{w^{\mathrm{MRe}*},b_{mr}^{\mathrm{MRe}*},\Phi^{\mathrm{MR}*}\}=\left\{\Phi^{\mathrm{MR}*}c_m,\Phi^{\mathrm{MR}*}\delta,\Phi^{\mathrm{MR}*}=\dfrac{1+5\lambda}{4(1+2\lambda)}\right\}$ 给具有竞争偏好的零售商，能够实现闭环供应链的协调，系统的绩效水平达到集中决策的最优水平. 协调后的利润如下：$\pi_m^{\mathrm{MRe}*}=(1-\Phi^{\mathrm{MR}*})(P_f+P_r)$，$\pi_r^{\mathrm{MRe}*}=\Phi^{\mathrm{MR}*}(P_f+P_r)$ 和 $\pi_c^{\mathrm{MRe}*}=P_f+P_r$.

**证明：** 由 $U_r^{\mathrm{MRe}}$ 的一阶条件可得零售商的最优反应函数 $\begin{cases}\breve{p}^{\mathrm{MRe}}=\dfrac{(1+2\lambda)\Phi A-\lambda A+(1+2\lambda)\alpha w-\lambda\alpha c_m}{2(1+2\lambda)\Phi\alpha-2\lambda\alpha},\\ \breve{b}_r^{\mathrm{MRe}}=\dfrac{(1+2\lambda)hb_m+\lambda k-(1+2\lambda)\Phi k-\lambda h\delta}{2(1+2\lambda)\Phi h-2\lambda h}.\end{cases}$ 令 $\breve{p}^{\mathrm{MRe}}=p^{\mathrm{C}*}$ 和 $\breve{b}_r^{\mathrm{MRe}}=b^{\mathrm{C}*}$，即 $\bar{p}^{\mathrm{MRe}*}=\dfrac{A+\alpha c_m}{2\alpha}$ 和 $\bar{b}_r^{\mathrm{MRe}*}=\dfrac{h\delta-k}{2h}$，可得 $\begin{cases}w^{\mathrm{MRe}*}=\Phi^{\mathrm{MR}*}c_m,\\ b_m^{\mathrm{MRe}*}=\Phi^{\mathrm{MR}*}\delta.\end{cases}$ 将 $\bar{p}^{\mathrm{MRe}*}$，$\bar{b}_r^{\mathrm{MRe}*}$，$\bar{w}^{\mathrm{MRe}*}$，$\bar{b}_m^{\mathrm{MRe}*}$ 代入 $\pi_m^{\mathrm{MRe}}$，$\pi_r^{\mathrm{MRe}}$ 和 $U_r^{\mathrm{MRe}}$，可得 $\pi_m^{\mathrm{MRe}*}=(1-\Phi^{\mathrm{MR}*})(P_f+P_r)$，$\pi_r^{\mathrm{MRe}*}=\Phi^{\mathrm{MR}*}(P_f+P_r)$ 和 $U_r^{\mathrm{MRe}*}=(2\lambda\Phi^{\mathrm{MR}*}+\Phi^{\mathrm{MR}*}-\lambda)(P_f+P_r)$. 相应地有 $\pi_m^{\mathrm{MRe}*}+\pi_r^{\mathrm{MRe}*}=P_f+P_r=\pi_c^{\mathrm{C}*}$ 即系统利润达到集中决策时的最优水平. 由约束条件 $\begin{cases}\pi_m^{\mathrm{MRe}*}\geqslant\bar{\pi}_m^{\mathrm{MR}*},\\ U_r^{\mathrm{MRe}*}\geqslant U_r^{\mathrm{MR}*}\end{cases}$ 可得参数 $\Phi^{\mathrm{MR}*}$ 的取值范围，即 $\dfrac{1+5\lambda}{4(1+2\lambda)}\leqslant\Phi^{\mathrm{MR}*}\leqslant\dfrac{1+3\lambda}{2(1+2\lambda)}$，以保证各方均有执行契约的动力. 对于制造商而言将最大化其利润而选择最大值 $\Phi^{\mathrm{MR}*}=\dfrac{1+5\lambda}{4(1+2\lambda)}$ 作为最终的契约参数. 证毕.

### 5.6.3 第三方回收渠道中的契约设计

在第三方回收渠道中，作为渠道主导者的制造商（$L$）需要提供一个合适的收益-费用共享契约 $\{w^{\mathrm{MTe}},\Phi^{\mathrm{MT}}\}$ 给跟从者零售商（$F_1$），其中 $w^{\mathrm{MTe}}$ 代表批发价格，$\Phi^{\mathrm{MT}}$ 代表零售商的收益分享比例. 同时，制造商还要提供一个合适的契约 $\{b_{mt}^{\mathrm{MTe}},\Psi^{\mathrm{MT}}\}$ 给作为跟从者的第三方回收商（$F_2$），其中 $b_{mt}^{\mathrm{MTe}}$ 代表回收转移价格，$\Psi^{\mathrm{MT}}$ 代表第三方回收商的分享比例. 为取得闭环供应链的协调，零售商价格和回收价格需要与集中决策情形中的相同. 于是，建立协调问题的模型如下：

$$(L):\max_{w,b_{mt},\Phi,\Psi}\pi_m^{\mathrm{MTe}}=[(1-\Phi)p+w-c_m](A-\alpha p)+[\delta-b_{mt}-(1-\Psi)b_t](k+hb_t)$$

$$\text{s.t.}\begin{cases}(p^{\mathrm{MTe}*})=\operatorname{argmax}\{\pi_r^{\mathrm{MTe}}\},\\(b_r^{\mathrm{MTe}*})=\operatorname{argmax}\{\pi_t^{\mathrm{MTe}}\},\\p^{\mathrm{MTe}*}=p^{\mathrm{C}*},\\b_t^{\mathrm{MTe}*}=b^{\mathrm{C}*},\\\pi_m^{\mathrm{MTe}*}\geqslant\pi_m^{\mathrm{MT}*},\\U_r^{\mathrm{MTe}*}\geqslant U_r^{\mathrm{MT}*},\\\pi_t^{\mathrm{MTe}*}\geqslant\pi_t^{\mathrm{MT}*};\end{cases}$$

$$(F_1):\max_p U_r^{\mathrm{MTe}}=[(1+2\lambda)\Phi p-\lambda p-(1+2\lambda)w+\lambda c_m](A-\alpha p)-\lambda[\delta-b_m-(1-\Psi)b_t](k+hb_t);$$

$$(F_2):\max_{b_t}\pi_t^{\mathrm{MTe}}=(b_{mt}-\Psi b_t)(k+hb_t).$$

基于上面的模型，可以得到定理 5. 22.

**定理 5. 22**　在模型 $\mathrm{MT}^*$ 中，制造商提供收益-费用共享契约 $\{w^{\mathrm{MTe}*},\Phi^{\mathrm{MT}*}\}=\left\{\Phi^{\mathrm{MT}*}c_m,\Phi^{\mathrm{MT}*}=\dfrac{1+4\lambda}{4(1+2\lambda)}\right\}$给具有竞争偏好的零售商，并提供 $\{b_m^{\mathrm{MTe}*},\Psi^{\mathrm{MT}*}\}=\left\{\Psi^{\mathrm{MT}*}\delta,\Psi^{\mathrm{MT}*}=\dfrac{1}{4}\right\}$给第三方回收商，能够实现闭环供应链的协调，使得系统的绩效水平达到集中决策的最优水平. 协调后的利润如下：$\pi_m^{\mathrm{MRe}*}=(1-\Phi^{\mathrm{MR}*})(P_f+P_r)$，$\pi_r^{\mathrm{MRe}*}=\Phi^{\mathrm{MR}*}(P_f+P_r)$ 和 $\pi_c^{\mathrm{MRe}*}=P_f+P_r$.

**证明：** 由 $U_r^{\mathrm{MTe}}$ 和 $\pi_t^{\mathrm{MTe}}$ 的一阶条件可得零售商和第三方的最优反应函数

$$\begin{cases}\breve{p}^{\mathrm{MTe}}=\dfrac{(1+\lambda)\Phi A-\lambda(1-\Phi)A+(1+2\lambda)\alpha w-\lambda\alpha c_m}{2(1+\lambda)\Phi\alpha-2\lambda(1-\Phi)\alpha},\\\breve{b}_t^{\mathrm{MTe}}=\dfrac{hb_m-\Psi k}{2\Psi h}.\end{cases}$$

令 $\breve{p}^{\mathrm{MTe}}=p^{\mathrm{C}*}$ 和 $\breve{b}_t^{\mathrm{MTe}}=b^{\mathrm{C}*}$，即 $\bar{p}^{\mathrm{MTe}*}=\dfrac{A+\alpha c_m}{2\alpha}$和 $\bar{b}_t^{\mathrm{MTe}*}=\dfrac{h\delta-k}{2h}$，可得$\begin{cases}w^{\mathrm{MTe}*}=\Phi^{\mathrm{MT}*}c_m,\\b_m^{\mathrm{MTe}*}=\Psi^{\mathrm{MT}*}\delta.\end{cases}$将 $\bar{p}^{\mathrm{MTe}*}$，$\bar{b}_r^{\mathrm{MTe}*}$，$\bar{w}^{\mathrm{MTe}*}$ 和 $\bar{b}_m^{\mathrm{MTe}*}$分别代入 $\pi_m^{\mathrm{MTe}}$，$\pi_r^{\mathrm{MTe}}$ 和 $\pi_t^{\mathrm{MTe}}$，得到 $\pi_m^{\mathrm{MTe}*}=(1-\Phi^{\mathrm{MT}*})P_f+(1-\Psi^{\mathrm{MT}*})P_r$，$\pi_r^{\mathrm{MTe}*}=\Phi^{\mathrm{MT}*}P_f$，$\pi_t^{\mathrm{MTe}*}=\Psi^{\mathrm{MT}*}P_r$ 和 $U_r^{\mathrm{MTe}*}=(1+\lambda)\Phi^{\mathrm{MT}*}P_f-\lambda(1-\Phi^{\mathrm{MT}*})P_f-\lambda(1-\Psi^{\mathrm{MT}*})P_r$. 相应地有 $\pi_m^{\mathrm{MTe}*}+\pi_r^{\mathrm{MTe}*}+\pi_t^{\mathrm{MTe}*}=P_f+P_r=\pi_c^{\mathrm{C}*}$ 即系统利润达到集中决策时

的最优水平. 由约束条件$\begin{cases}\pi_m^{MTe*}\geqslant\bar{\pi}_m^{MT*},\\U_r^{MTe*}\geqslant U_r^{MT*},\\\pi_t^{MTe*}\geqslant\bar{\pi}_t^{MT*},\end{cases}$可得参数 $\Phi^{MT*}$ 和 $\Psi^{MT*}$ 的取值范围

$$\begin{cases}\dfrac{1+4\lambda}{4(1+2\lambda)}\leqslant\Phi^{MT*}\leqslant\dfrac{2(1+3\lambda)P_f+(1+2\lambda)P_r}{4(1+2\lambda)P_f},\\\dfrac{1}{4}\leqslant\Psi^{MT*}\leqslant\dfrac{P_f+2P_r}{4P_r},\end{cases}$$

以保证各方均有执行契约的动力. 对于制造商而言将最大化其利润而选择参数的最大值 $\Phi^{MT*}=\dfrac{1+4\lambda}{4(1+2\lambda)}$和 $\Psi^{MT*}=\dfrac{1}{4}$. 证毕.

### 5.6.4 契约协调下回收渠道选择分析

在这一小节中，对契约协调下闭环供应链的绩效进行对比分析，明确零售商的竞争偏好对闭环供应链契约协调的影响，以及契约协调下制造商回收渠道的选择.

定理 5.23 三种回收渠道结构中的契约参数 $\Phi^{MM*}$，$\Phi^{MR*}$和 $\Phi^{MT*}$均是 $\lambda$ 的增函数，并且满足如下关系：$\Phi^{MM*}=\Phi^{MR*}>\Phi^{MT*}$.

证明：在契约协调下的制造商回收渠道，零售商回收渠道中有 $\Phi^{MM*}=\Phi^{MR*}=\dfrac{1+5\lambda}{4(1+2\lambda)}$. 由一阶条件可得$\dfrac{d\Phi^{MM}}{d\lambda}=\dfrac{d\Phi^{MR}}{d\lambda}=\dfrac{3}{4(1+2\lambda)^2}>0$ 在契约协调下的第三方回收渠道中有 $\Phi^{MT*}=\dfrac{1+4\lambda}{4(1+2\lambda)}$，由一阶导数得$\dfrac{d\Phi^{MT*}}{d\lambda}=\dfrac{1}{2(1+2\lambda)^2}>0$. 因此，契约参数 $\Phi^{MM*}$，$\Phi^{MR*}$和 $\Phi^{MT*}$均是 $\lambda$ 的增函数. 此外，由 $\Phi^{MM*}-\Phi^{MT*}=\dfrac{1+5\lambda}{4(1+2\lambda)}-\dfrac{1+4\lambda}{4(1+2\lambda)}=\dfrac{\lambda}{4(1+2\lambda)}>0$，有 $\Phi^{MM*}=\Phi^{MR*}>\Phi^{MT*}$. 证毕.

定理 5.23 表明零售商的竞争偏好行为会影响契约协调下渠道利润的分配. 尽管收益费用共享契约能够成功协调涉及竞争偏好行为的闭环供应链，但未能阻止竞争偏好行为对渠道利润的争夺以及对制造商利润的影响. 契约协调下，随着零售商竞争偏好强度的增强，零售商会分享到更多的渠道利润. 由 $\Phi^{MM*}=\Phi^{MR*}>\Phi^{MT*}$说明，在制造商回收渠道和零售商回收渠道中零售商竞争偏好行为的影响相比于第三方回收渠道要更大一些.

定理 5.24 在有契约和无契约两种情形下，制造商的利润关于零售商的竞

争偏好强度 $\lambda$ 的一阶导数的大小关系满足$\frac{d\pi_m^{MMe*}}{d\lambda}<\frac{d\bar{\pi}_m^{MM*}}{d\lambda}$，$\frac{d\pi_m^{MRe*}}{d\lambda}<\frac{d\bar{\pi}_m^{MR*}}{d\lambda}$和$\frac{d\pi_m^{MTe*}}{d\lambda}<\frac{d\bar{\pi}_m^{MT*}}{d\lambda}$.

**证明**：由 $\pi_m^{MMe*}$ 和 $\bar{\pi}_m^{MM*}$ 关于 $\lambda$ 求一阶导数，得$\frac{d\pi_m^{MMe*}}{d\lambda}=-\frac{3}{4(1+2\lambda)^2}P_f$ 和 $\frac{d\bar{\pi}_m^{MM*}}{d\lambda}=-\frac{1}{2(1+2\lambda)^2}P_f$，于是有$\frac{d\pi_m^{MMe*}}{d\lambda}<\frac{d\bar{\pi}_m^{MM*}}{d\lambda}$.

由 $\pi_m^{MRe*}$ 和 $\bar{\pi}_m^{MR*}$ 关于 $\lambda$ 求一阶导数，得$\frac{d\pi_m^{MRe*}}{d\lambda}=-\frac{3}{4(1+2\lambda)^2}(P_f+P_r)$ 和 $\frac{d\bar{\pi}_m^{MR*}}{d\lambda}=-\frac{1}{2(1+2\lambda)^2}(P_f+P_r)$，于是有$\frac{d\pi_m^{MRe*}}{d\lambda}<\frac{d\bar{\pi}_m^{MR*}}{d\lambda}$.

由 $\pi_m^{MTe*}$ 和 $\bar{\pi}_m^{MT*}$ 关于 $\lambda$ 求一阶导数，得$\frac{d\pi_m^{MTe*}}{d\lambda}=\frac{-3}{4(1+\lambda)^2}P_f+\frac{-1}{2(1+\lambda)^2}P_r$ 和 $\frac{d\bar{\pi}_m^{MT*}}{d\lambda}=-\frac{1}{2(1+2\lambda)^2}P_f$，于是有$\frac{d\pi_m^{MTe*}}{d\lambda}<\frac{d\bar{\pi}_m^{MT*}}{d\lambda}$. 证毕.

由定理 5. 24 知道，在 3 种回收渠道结构下契约协调下制造商利润关于 $\lambda$ 的一阶导数小于无契约协调的情形. 这表明，契约协调虽然没能消除，但能够减轻零售商竞争偏好行为对制造商的不利影响. 由于零售商的竞争偏好行为不容忽视，因此，契约协调是制造商应对零售商竞争偏好行为的有效解决方案.

为了揭示契约协调下闭环供应链回收渠道的选择，定义 $v=\frac{P_f}{P_r}$代表正向渠道和逆向渠道的利润比（其中 $P_f$ 和 $P_r$ 的定义同前文）. 契约协调下，3 种回收渠道结构中制造商的利润大小关系，由定理 5. 25 给出.

**定理 5. 25**　在契约协调下，3 种回收渠道结构中制造商的利润满足如下关系：当 $0<v\leqslant 2$ 时，有 $\pi_m^{MMe*}>\pi_m^{MTe*}>\pi_m^{MRe*}$；当 $v>2$ 和 $0\leqslant\lambda\leqslant\frac{1}{v-2}$时，有 $\pi_m^{MMe*}>\pi_m^{MTe*}>\pi_m^{MRe*}$；当 $v>2$ 和 $\lambda>\frac{1}{v-2}$时，有 $\pi_m^{MTe*}>\pi_m^{MMe*}>\pi_m^{MRe*}$.

**证明**：契约协调下，制造商在三种回收渠道结构中的利润分别为 $\pi_m^{MMe*}=\frac{3(1+\lambda)}{4(1+2\lambda)}P_f+P_r$，$\pi_m^{MRe*}=\frac{3(1+\lambda)}{4(1+2\lambda)}(P_f+P_r)$ 和 $\pi_m^{MTe*}=\frac{3+4\lambda}{4(1+2\lambda)}P_f+\frac{3}{4}P_r$. 做差可

得 $\pi_m^{\text{MMe}*}>\pi_m^{\text{MRe}*}$ 和 $\pi_m^{\text{MTe}*}>\pi_m^{\text{MRe}*}$ 以及 $\pi_m^{\text{MMe}*}-\pi_m^{\text{MTe}*}=\frac{-\lambda}{1+2\lambda}P_f+\frac{1}{4}P_r$. 其中 $\pi_m^{\text{MMe}*}$ 与 $\pi_m^{\text{MTe}*}$ 的大小关系取决于 $v=\frac{P_f}{P_r}$的取值. 具体地，当 $v\leqslant 2$ 时，有 $\pi_m^{\text{MMe}*}>\pi_m^{\text{MTe}*}>\pi_m^{\text{MRe}*}$；当 $v>2$ 且 $0\leqslant\lambda\leqslant\frac{1}{v-2}$时，有 $\pi_m^{\text{MMe}*}>\pi_m^{\text{MTe}*}>\pi_m^{\text{MRe}*}$；当 $v>2$ 且 $\lambda>\frac{1}{v-2}$时，有 $\pi_m^{\text{MTe}*}>\pi_m^{\text{MMe}*}>\pi_m^{\text{MRe}*}$. 证毕.

定理 5.25 揭示了契约协调下零售商的竞争偏好行为对制造商回收渠道选择的影响. 研究发现，契约协调下制造商回收渠道的选择取决于正逆向渠道利润比 $v$ 和零售商的竞争偏好强度 $\lambda$（见图 5.7）.

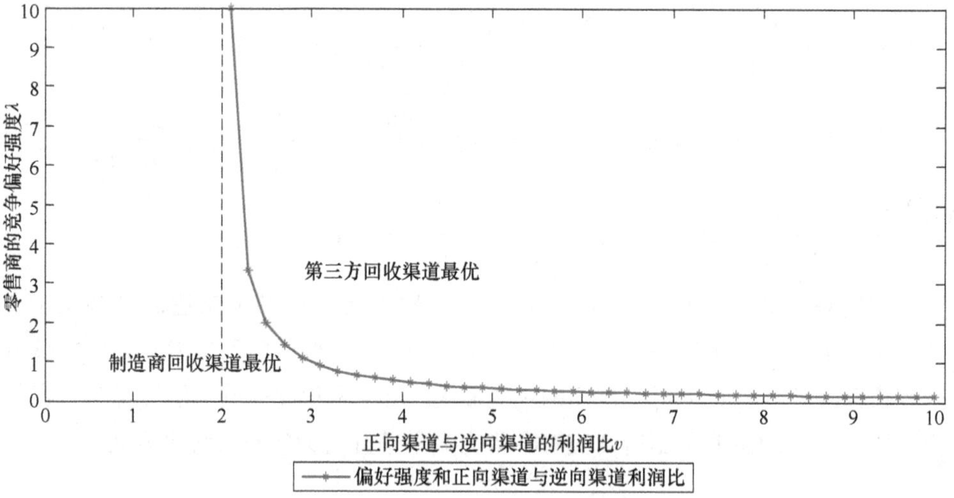


图 5.7　契约协调下制造商回收渠道的选择

如图 5.7 所示，展示了制造商回收渠道选择的两个关键值：正逆向渠道利润比 $v=2$ 和零售商竞争偏好强度 $\lambda=\frac{1}{v-2}$. 当 $0<v\leqslant 2$ 时，制造商回收渠道最优. 当 $v>2$ 且 $0\leqslant\lambda\leqslant\frac{1}{v-2}$时，制造商回收渠道仍然最优. 而当 $v>2$ 且 $\lambda>\frac{1}{v-2}$时，第三方回收渠道成为制造商最佳回收渠道选择. 这说明，当逆向渠道的利润相对较大时，制造商选择自己回收最有利. 这一结论与 De Giovanni 和 Zaccour[118] 的发现一致. 有趣的是，当来自逆向渠道的利润不大时，制造商回收渠道的选择取决于零售商竞争偏好的强度. 若零售商的竞争偏好不强，制造商回收渠道是最佳选择；若零售商的竞争偏好较强，第三方回收渠道成为制造商的最优选择. 背后的原因在于，当零售商竞争偏好较强时，制造商通过将回收外包给第三方能够减轻竞争偏好行为的影响. 此外，研究还发现由于零售商的竞争偏好行为，零售商回收渠道成为制造商最差的回收渠道选择.

## 5.7　本章小结

本章在回收定价的背景下对零售商具有竞争偏好行为时闭环供应链回收渠道选择问题进行研究. 通过数学模型的建立和对模型结果的分析，探究了零售商的竞争偏好对闭环供应链的定价决策和效率的影响，竞争偏好行为的本质特征，以及竞争偏好行为下闭环供应链协调机制的设计. 本章得出的重要结论，具体总结如下：

（1）零售商的竞争偏好行为会对闭环供应链的定价决策和渠道利润分配产生重要影响.

在制造商回收渠道中，当制造商不考虑零售商的竞争偏好行为时，随着零售商竞争偏好强度的增强，零售价格上升，制造商的利润、零售商的利润和系统利润全部下降. 当制造商考虑零售商的竞争偏好行为时，随着零售商竞争偏好强度的增强，批发价格提高，制造商的利润减少，零售商的利润增加，零售价格和系统利润保持不变.

在零售商回收渠道中，当制造商不考虑零售商的竞争偏好行为时，随着零售商竞争偏好强度的增强，零售价格和回收价格上升，制造商的利润、零售商的利润和系统利润全部下降. 当制造商考虑零售商的竞争偏好行为时，随着零售商竞争偏好强度的增强，批发价格和回收转移价格提高，制造商的利润减少，零售商的利润增加，零售价格、回收价格和系统利润保持不变.

在第三方回收渠道中，当制造商不考虑零售商的竞争偏好行为时，随着零售商竞争偏好强度的增强，零售价格上升，制造商的利润、零售商的利润和系统利润全部下降. 当制造商考虑零售商的竞争偏好行为时，随着零售商竞争偏好强度的增强，批发价格提高，制造商的利润减少，零售商的利润增加，零售价格、回收价格和系统利润保持不变.

（2）零售商的竞争偏好行为不容忽视. 从制造商的视角来看，当制造商考虑零售商的竞争偏好行为时的利润高于制造商不考虑零售商的竞争偏好行为时的利润，因此制造商不能忽视零售商的竞争偏好行为. 从系统的视角来看，制造商对零售商竞争偏好行为的考虑，使得系统免受零售商竞争偏好行为的影响，因此从全局来看制造商也要对零售商的竞争偏好行为予以考虑.

(3) 具有竞争偏好行为的零售商在渠道利润分配中“得寸进尺”. 制造商考虑零售商的竞争偏好行为，即意味着让利于零售商，而零售商会通过增强竞争偏好强度攫取更多的渠道利润，“得寸进尺”. 在零售商回收渠道中，当零售商的竞争偏好强度足够大时，制造商的利润会低于零售商作为主导者时的利润，此时的零售商就如同“将主人挤出帐篷的那只骆驼”，剥夺制造商的“领导地位”.

(4) 在回收定价的背景下，当零售商具有竞争偏好行为时，对于制造商和系统而言最有效的回收渠道均为制造商回收渠道. 与零售商竞争中性的情形结论一致，即零售商的竞争偏好行为没有改变闭环供应链最有效的回收渠道.

(5) 收入-费用共享契约能够实现零售商具有竞争偏好行为的闭环供应链的协调，使得系统的效率达到集中决策的最优水平，且各成员的利润得到帕累托改进. 协调契约并不能消除零售商竞争偏好行为对制造商利润的影响和对渠道利润的争夺.

(6) 零售商的竞争偏好程度以及正逆向渠道利润的比率共同决定契约协调下制造商回收渠道的选择. 而零售商回收渠道始终是契约协调下制造商最差的回收渠道选择.

# 第6章 零售商主导下制造商竞争偏好的回收渠道选择问题

本章研究制造商竞争偏好时闭环供应链回收渠道的选择问题. 本章结构安排如下：6.1 节对制造商竞争偏好的闭环供应链回收渠道选择问题进行描述；6.2 节建立 3 种回收渠道结构下的数学模型，并且给出模型的最优解；6.3 节对模型的结果进行比较，研究制造商的竞争偏好对闭环供应链决策和绩效的影响，分析最有效的回收渠道；6.4 节进行协调契约设计，并分析竞争偏好行为对契约协调的影响；6.5 节以零售商回收渠道结构为例，探讨制造商的竞争偏好行为对不同主导模式下闭环供应链决策和效率的影响，分析制造商具有竞争偏好行为时何种主导模式最优；6.6 节总结本章的结论.

## 6.1 问题描述和假设

考虑由一个主导的零售商和一个作为跟从者的制造商构成的闭环供应链系统，制造商在与零售商合作的过程中因渠道利润的分配体现出竞争偏好行为（用 $\mu$ 来刻画制造商的竞争偏好强度）. 在正向渠道中，制造商通过零售商销售产品给顾客. 在逆向渠道中，废旧产品的回收价格由回收方进行定价决策，废旧产品的回收方式有 3 种，分别是[11]制造商回收渠道（M-channel）、零售商回收渠道（R-channel）和第三方回收回收渠道（T-channel）.

作为主导者的零售商对制造商的竞争偏好行为予以考虑，即零售商将制造商的竞争偏好效用函数纳入其决策系统. 本章假设与 3.1 节相同，不再赘述.

接下来，分别在 3 种回收渠道下建立数学模型并进行求解分析.

## 6.2 问题模型

本节建立零售商主导且制造商具有竞争偏好行为时，3 种回收渠道结构下的分散决策系统模型，即制造商回收渠道模型 RM*，零售商回收渠道模型 RR* 和第三方回收渠道模型 RT*，并运用博弈理论和数学的优化方法给出模型的最优解.（注：第一个字母代表主导者，第二个字母代表回收渠道，右上标“*”代表零售商考虑制造商的竞争偏好行为.）

### 6.2.1 制造商回收渠道模型 RM*

在零售商主导的制造商回收渠道中，制造商从事废旧产品的回收，称之为模型 RM*. 零售商的利润函数为

$$\pi_r^{\mathrm{RM}}=\max_p\{(p-w)(A-\alpha p)\}. \tag{6.1}$$

制造商的利润函数

$$\pi_m^{\mathrm{RM}}=(w-c_m)(A-\alpha p)+(\delta-b_m)(k+hb_m). \tag{6.2}$$

制造商的效用函数为

$$U_m^{\mathrm{RM}}=\max_{w,b_m}\{\pi_m^{\mathrm{M}}-\mu(\pi_r^{\mathrm{M}}-\pi_m^{\mathrm{M}})\}. \tag{6.3}$$

作为渠道主导者的零售商基于制造商的竞争偏好效用函数做出定价决策. 决策顺序如下：首先，作为主导者的零售商基于制造商的效用函数先行决策零售价格 $p$. 然后，制造商最大化其效用函数决策回收价格 $b_m$ 和批发价格 $w$. 由逆向归纳法，可以得到引理 6.1.

**引理 6.1** 在模型 RM* 中，最优的定价决策为 $\bar{p}^{\mathrm{RM}*}=\dfrac{(3+5\mu)A+(1+\mu)\alpha c_m}{2(2+3\mu)\alpha}$，$\bar{w}^{\mathrm{RM}*}=\dfrac{(1+6\mu+7\mu^2)A+(1+\mu)(3+5\mu)\alpha c_m}{2(2+3\mu)(1+2\mu)\alpha}$和 $\bar{b}_m^{\mathrm{RM}*}=\dfrac{h\delta-k}{2h}$. 均衡的渠道利润为 $\bar{\pi}_m^{\mathrm{RM}*}=\dfrac{(1+\mu)(1+6\mu+7\mu^2)}{(1+2\mu)(2+3\mu)^2}P_f+P_r$，$\bar{\pi}_r^{\mathrm{RM}*}=\dfrac{(1+\mu)^2}{(1+2\mu)(2+3\mu)}P_f$ 和 $\bar{\pi}_c^{\mathrm{RM}*}=\dfrac{(1+\mu)(3+5\mu)}{(2+3\mu)^2}P_f+P_r$.

**证明：** 依据逆向归纳法，由 $U_m^{\mathrm{RM}}$ 关于 $(w,b_m)$ 的一阶条件可得制造商的反应函数 $\breve{w}^{\mathrm{RM}}=\dfrac{(1+2\mu)(A-\alpha p)+(1+\mu)\alpha c_m+\alpha\mu p}{(1+2\mu)\alpha}$和 $\breve{b}_m^{\mathrm{RM}*}=\dfrac{h\delta-k}{2h}$，即 $\bar{b}_m^{\mathrm{RM}*}=\dfrac{h\delta-k}{2h}$. 将 $\breve{w}^{\mathrm{RM}}$代入 $\pi_r^{\mathrm{RM}}$ 中，由一阶条件可得 $\bar{p}^{\mathrm{RM}*}=\dfrac{(3+5\mu)A+(1+\mu)\alpha c_m}{2(2+3\mu)\alpha}$. 再将 $\bar{p}^{\mathrm{RM}*}$ 代入

$\breve{w}^{\mathrm{RM}}$，得 $\bar{w}^{\mathrm{RM}*}=\dfrac{(1+6\mu+7\mu^2)A+(1+\mu)(3+5\mu)\alpha c_m}{2(2+3\mu)(1+2\mu)\alpha}$. 将 $\bar{p}^{\mathrm{RM}*}$，$\bar{w}^{\mathrm{RM}*}$ 和 $\bar{b}_m^{\mathrm{RM}*}$ 分别代入 $\pi_r^{\mathrm{RM}}$，$\pi_m^{\mathrm{RM}}$ 中可得 $\bar{\pi}_m^{\mathrm{RM}*}=\dfrac{(1+\mu)(1+6\mu+7\mu^2)}{(1+2\mu)(2+3\mu)^2}P_f+P_r$，$\bar{\pi}_r^{\mathrm{RM}*}=\dfrac{(1+\mu)^2}{(1+2\mu)(2+3\mu)}P_f$ 和 $\bar{\pi}_c^{\mathrm{RM}*}=\dfrac{(1+\mu)(3+5\mu)}{(2+3\mu)^2}P_f+P_r$. 证毕.

### 6.2.2　零售商回收渠道模型 RR*

在零售商主导且零售商回收的渠道中，零售商销售新产品的同时还从事废旧产品的回收，称之为模型 RR*. 零售商的利润函数为

$$\pi_r^{\mathrm{RR}}=\max_{p,b_r}\{(p-w)(A-\alpha p)+(b_{mr}-b_r)(k+hb_r)\}. \tag{6.4}$$

制造商的利润函数为

$$\pi_m^{\mathrm{RR}}=(w-c_m)(A-\alpha p)+(\delta-b_{mr})(k+hb_r). \tag{6.5}$$

制造商的效用函数为

$$U_m^{\mathrm{RR}}=\max_{w,b_{mr}}\{\pi_m^{\mathrm{R}}-\mu(\pi_r^{\mathrm{R}}-\pi_m^{\mathrm{R}})\}. \tag{6.6}$$

作为渠道主导者的零售商基于制造商的竞争偏好效用函数做出定价决策. 决策顺序如下：首先，作为主导者的零售商基于制造商的效用函数先行决策零售价格 $p$ 和回收价格 $b_r$. 然后，制造商最大化其效用函数决策回收转移价格 $b_{mr}$ 和批发价格 $w$. 由逆向归纳法，可以得到引理 6.2.

**引理 6.2**　在模型 RR* 中，最优的定价决策为 $\bar{p}^{\mathrm{RR}*}=\dfrac{(3+5\mu)A+(1+\mu)\alpha c_m}{2(2+3\mu)\alpha}$，$\bar{b}_r^{\mathrm{RR}*}=\dfrac{(1+\mu)h\delta-(3+5\mu)k}{2(2+3\mu)h}$，$\bar{w}^{\mathrm{RR}*}=\dfrac{(1+6\mu+7\mu^2)A+(1+\mu)(3+5\mu)\alpha c_m}{2(1+2\mu)(2+3\mu)\alpha}$ 和 $\bar{b}_{mr}^{\mathrm{RR}*}=\dfrac{(1+\mu)(3+5\mu)h\delta-(1+6\mu+7\mu^2)k}{2(1+2\mu)(2+3\mu)h}$. 均衡的渠道利润为 $\bar{\pi}_m^{\mathrm{RR}*}=\dfrac{(1+\mu)(1+6\mu+7\mu^2)}{(1+2\mu)(2+3\mu)^2}(P_f+P_r)$，$\bar{\pi}_r^{\mathrm{RR}*}=\dfrac{(1+\mu)^2}{(1+2\mu)(2+3\mu)}(P_f+P_r)$ 和 $\bar{\pi}_c^{\mathrm{RR}*}=\dfrac{(1+\mu)(3+5\mu)}{(2+3\mu)^2}(P_f+P_r)$.

**证明**：在 $U_m^{\mathrm{RR}}$ 中，令 $p=w+m$，$b_{mr}=b_r+n$，由一阶条件可得制造商的反应函数 $\begin{cases}\breve{w}^{\mathrm{RR}}=\dfrac{(1+2\mu)A+(1+\mu)\alpha c_m-(1+\mu)\alpha p}{(1+2\mu)\alpha},\\ \breve{b}_{mr}^{\mathrm{RR}*}=\dfrac{(1+\mu)h\delta-(1+\mu)hb_r-(1+2\mu)k}{(1+2\mu)h}.\end{cases}$ 将它们代入 $\pi_r^{\mathrm{RR}}$ 中，由一阶条件可

得 $\bar{p}^{\mathrm{RR}*}=\dfrac{(3+5\mu)A+(1+\mu)\alpha c_m}{2(2+3\mu)\alpha}$ 和 $\bar{b}_r^{\mathrm{RR}*}=\dfrac{(1+\mu)h\delta-(3+5\mu)k}{2(2+3\mu)h}$. 再将 $\bar{p}^{\mathrm{RR}*}$，$\bar{b}_r^{\mathrm{RR}*}$ 代入 $\breve{w}^{\mathrm{RR}}$ 和 $\breve{b}_{mr}^{\mathrm{RR}*}$ 中，得 $\bar{w}^{\mathrm{RR}*}=\dfrac{(1+6\mu+7\mu^2)A+(1+\mu)(3+5\mu)\alpha c_m}{2(1+2\mu)(2+3\mu)\alpha}$ 和 $\bar{b}_{mr}^{\mathrm{RR}*}=\dfrac{(1+\mu)(3+5\mu)h\delta-(1+6\mu+7\mu^2)k}{2(1+2\mu)(2+3\mu)h}$. 将 $\bar{p}^{\mathrm{RR}*}$，$\bar{b}_r^{\mathrm{RR}*}$，$\bar{w}^{\mathrm{RR}*}$，$\bar{b}_{mr}^{\mathrm{RR}*}$ 分别代入 $\pi_r^{\mathrm{RR}}$，$\pi_m^{\mathrm{RR}}$ 中，可得 $\bar{\pi}_m^{\mathrm{RR}*}=\dfrac{(1+\mu)(1+6\mu+7\mu^2)}{(1+2\mu)(2+3\mu)^2}(P_f+P_r)$，$\bar{\pi}_r^{\mathrm{RR}*}=\dfrac{(1+\mu)^2}{(1+2\mu)(2+3\mu)}(P_f+P_r)$ 和 $\bar{\pi}_c^{\mathrm{RR}*}=\dfrac{(1+\mu)(3+5\mu)}{(2+3\mu)^2}(P_f+P_r)$. 证毕.

### 6.2.3 第三方回收渠道模型 RT*

在零售商主导的第三方回收渠道中，第三方回收商从事废旧产品的回收，零售商负责新产品的销售. 零售商的利润函数为

$$\pi_r^{\mathrm{RT}}=\max_{p}\{(p-w)(A-\alpha p)\}. \tag{6.7}$$

制造商的利润函数为

$$\pi_m^{\mathrm{RT}}=(w-c_m)(A-\alpha p)+(\delta-b_{mt})(k+hb_t). \tag{6.8}$$

制造商的效用函数为

$$U_m^{\mathrm{RT}}=\max_{w,b_{mt}}\{\pi_m^{\mathrm{T}}-\mu(\pi_r^{\mathrm{T}}-\pi_m^{\mathrm{T}})\}. \tag{6.9}$$

第三方回收商的问题为

$$\pi_t^{\mathrm{RT}}=\max_{b_t}\{(b_{mt}-b_t)(k+hb_t)\}. \tag{6.10}$$

作为渠道主导者的零售商基于制造商的竞争偏好效用函数做出定价决策. 决策顺序如下：首先，作为主导者的零售商基于制造商的效用函数先行决策零售价格 $p$. 然后，制造商最大化其效用函数来决策回收转移价格 $b_{mt}$ 和批发价格 $w$；同时第三方回收商决策回收价格 $b_t$. 由逆向归纳法，可以得到引理 6.3.

**引理 6.3** 在模型 RT* 中，最优的定价决策为 $\bar{p}^{\mathrm{RT}*}=\dfrac{(3+5\mu)A+(1+\mu)\alpha c_m}{2(2+3\mu)\alpha}$，$\bar{b}_t^{\mathrm{RT}*}=\dfrac{h\delta-3k}{4h}$，$\bar{w}^{\mathrm{RT}*}=\dfrac{(1+6\mu+7\mu^2)A+(1+\mu)(3+5\mu)\alpha c_m}{2(1+2\mu)(2+3\mu)\alpha}$ 和 $\bar{b}_{mt}^{\mathrm{RT}*}=\dfrac{h\delta-k}{2h}$. 均衡的渠道利润为 $\bar{\pi}_m^{\mathrm{RT}*}=\dfrac{(1+\mu)(1+6\mu+7\mu^2)}{(1+2\mu)(2+3\mu)^2}P_f+\dfrac{1}{2}P_r$，$\bar{\pi}_r^{\mathrm{RT}*}=\dfrac{(1+\mu)^2}{(1+2\mu)(2+3\mu)}P_f$，$\bar{\pi}_t^{\mathrm{RT}*}=\dfrac{1}{4}P_f$ 和 $\bar{\pi}_c^{\mathrm{RT}*}=\dfrac{(1+\mu)(3+5\mu)}{(2+3\mu)^2}P_f+\dfrac{3}{4}P_r$.

**证明**：由 $U_m^{RT}$ 和 $\pi_t^{RT}$ 的一阶条件得零售商和第三方的最优反应函数 $\breve{b}_{mt}^{RT*}=\frac{h\delta-k}{2h}$和 $\breve{w}^{RT*}=\frac{(1+2\mu)A-(1+\mu)\alpha p+(1+\mu)\alpha c_m}{(1+2\mu)\alpha}$，以及 $\breve{b}_t^{RT*}=\frac{hb_{mt}-k}{2h}$. 于是有 $\bar{b}_t^{RT*}=\frac{h\delta-3k}{4h}$，将 $\breve{w}^{RT*}$ 代入 $\pi_r^{RT}$ 中，由一阶条件可得 $\bar{p}^{RT*}=\frac{(3+5\mu)A+(1+\mu)\alpha c_m}{2(2+3\mu)\alpha}$. 再将 $\bar{p}^{RT*}$ 代入 $\breve{w}^{RT*}$，可得 $\bar{w}^{RT*}=\frac{(1+6\mu+7\mu^2)A+(1+\mu)(3+5\mu)\alpha c_m}{2(1+2\mu)(2+3\mu)\alpha}$. 将 $\bar{p}^{RT*}$，$\bar{w}^{RT*}$ 和 $\bar{b}_t^{RT*}$ 分别代入 $\pi_r^{RT}$，$\pi_m^{RT}$ 中，可得 $\bar{\pi}_m^{RT*}=\frac{(1+\mu)(1+6\mu+7\mu^2)}{(1+2\mu)(2+3\mu)^2}P_f+\frac{1}{2}P_r$，$\bar{\pi}_r^{RT*}=\frac{(1+\mu)^2}{(1+2\mu)(2+3\mu)}P_f$，$\bar{\pi}_t^{RT*}=\frac{1}{4}P_f$ 和 $\bar{\pi}_c^{RT*}=\frac{(1+\mu)(3+5\mu)}{(2+3\mu)^2}P_f+\frac{3}{4}P_r$. 证毕.

## 6.3　结果分析

在这一节对 3 种回收渠道的结果进行比较，可得如下结论.

**定理 6.1**　在制造商具有竞争偏好行为且零售商主导的闭环供应链中，3 种回收渠道结构下的最优零售价格和批发价格满足：$\bar{p}^{RM*}=\bar{p}^{RR*}=\bar{p}^{RT*}$，$\bar{w}^{RM*}=\bar{w}^{RR*}=\bar{w}^{RT*}$；且$\frac{d\bar{p}^{RM*}}{d\mu}=\frac{d\bar{p}^{RR*}}{d\mu}=\frac{d\bar{p}^{RT*}}{d\mu}>0$，$\frac{d\bar{w}^{RM*}}{d\mu}=\frac{d\bar{w}^{RR*}}{d\mu}=\frac{d\bar{w}^{RT*}}{d\mu}>0$.

**证明**：显然，$\bar{p}^{RM*}=\bar{p}^{RR*}=\bar{p}^{RT*}$成立，由一阶导数得$\frac{d\bar{p}^{RM*}}{d\mu}=\frac{d\bar{p}^{RR*}}{d\mu}=\frac{d\bar{p}^{RT*}}{d\mu}=\frac{A-\alpha c_m}{2(2+3\mu)^2\alpha}>0$. 显然，$\bar{w}^{RM*}=\bar{w}^{RR*}=\bar{w}^{RT*}$成立，由一阶导数可得$\frac{d\bar{w}^{RM*}}{d\mu}=\frac{d\bar{w}^{RR*}}{d\mu}=\frac{d\bar{w}^{RT*}}{d\mu}=\frac{(5+16\mu+13\mu^2)(A-\alpha c_m)}{2(1+2\mu)^2(2+3\mu)^2\alpha}>0$，故定理成立. 证毕.

定理 6.1 表明，3 种回收渠道中的零售价格和批发价格都是相同的. 并且零售价格和批发价格是制造商竞争偏好强度的单调增函数，即随着竞争偏好强度的增强，零售价格和批发价格增高. 并且，制造商的竞争偏好行为在 3 种回收渠道中的影响是相同的.

**定理 6.2**　在制造商具有竞争偏好行为且零售商主导的闭环供应链中，3 种回收渠道结构下的最优回收价格满足：$\bar{b}_m^{RM*}>\bar{b}_t^{RT*}>\bar{b}_r^{RR*}$，相应地，$\bar{G}^{RM*}>\bar{G}^{RT*}>\bar{G}^{RR*}$；且有 $\bar{b}_m^{RM*}=b_m^{RM*}$，$\bar{b}_r^{RR*}<b_r^{RR*}$，$\bar{b}_t^{RT*}=b_t^{RT*}$.

**证明**：由于 $\bar{b}_m^{RM*}-\bar{b}_t^{RT*}=\dfrac{h\delta+k}{4h}>0$ 和 $\bar{b}_t^{RT*}-\bar{b}_r^{RR*}=\dfrac{\mu(h\delta+k)}{4(2+3\mu)h}>0$，可得 $\bar{b}_m^{RM*}>\bar{b}_t^{RT*}>\bar{b}_r^{RR*}$；在 $\bar{b}_m^{RM*}$，$\bar{b}_t^{RT*}$，$\bar{b}_r^{RR*}$ 中，令 $\mu=0$ 可得制造商不具有竞争偏好行为时的结果 $b_m^{RM*}$，$b_t^{RT*}$，$b_r^{RR*}$，显然 $\bar{b}_m^{RM*}=b_m^{RM*}$，$\bar{b}_t^{RT*}=b_t^{RT*}$，又 $\bar{b}_r^{RR*}-b_r^{RR*}=\dfrac{(1+\mu)h\delta-(3+5\mu)k}{2(2+3\mu)h}-\dfrac{h\delta-3k}{4h}=-\dfrac{\mu(h\delta+k)}{4(2+3\mu)h}<0$. 定理成立，证毕.

由定理 6.2 可知，制造商回收渠道（M-channel）下的回收价格最高. 这表明，在制造商具有竞争偏好行为且零售商主导的闭环系统中，制造商回收渠道对资源节约和环境保护更有利. 更进一步地，将定理 6.2 的结果与制造商无竞争偏好行为的结果进行对比，发现制造商回收渠道和第三方回收渠道结构中的回收价格不受竞争偏好行为的影响，即此两种渠道结构中的逆向渠道不受制造商竞争偏好行为的影响. 然而，零售商回收渠道下废旧产品的回收价格会受到制造商竞争偏好行为的不良影响，随着其竞争偏好强度的增强，零售商回收渠道下废旧产品的回收价格降低，不利于资源节约和环境保护.

**定理 6.3** 在制造商具有竞争偏好行为且零售商主导的闭环供应链中，零售商回收渠道和第三方回收渠道结构下的最优回收转移价格满足：当 $0\leqslant\mu\leqslant\dfrac{1+\sqrt{5}}{2}$ 时，$\bar{b}_{mr}^{RR*}>\bar{b}_{mt}^{RT*}$；当 $\mu>\dfrac{1+\sqrt{5}}{2}$ 时，$\bar{b}_{mr}^{RR*}<\bar{b}_{mt}^{RT*}$.

**证明**：由于 $\bar{b}_{mr}^{RR*}-\bar{b}_{mt}^{RT*}=\dfrac{(1+\mu-\mu^2)(h\delta+k)}{2(1+2\mu)(2+3\mu)h}$，故当 $0\leqslant\mu\leqslant\dfrac{1+\sqrt{5}}{2}$ 时，$\bar{b}_{mr}^{RR*}>\bar{b}_{mt}^{RT*}$；当 $\mu>\dfrac{1+\sqrt{5}}{2}$ 时，$\bar{b}_{mr}^{RR*}<\bar{b}_{mt}^{RT*}$. 定理成立，证毕.

定理 6.3 表明，当制造商的竞争偏好强度较弱时，零售商回收渠道中的回收转移价格高于第三方回收渠道；当制造商的竞争偏好强度较强时，零售商回收渠道中的回收转移价格将低于第三方回收渠道. 随着制造商竞争偏好强度的增强，零售商回收渠道中的回收转移价格降低. 可见，竞争偏好行为增强了制造商对渠道利润的争夺.

**定理 6.4** 在制造商具有竞争偏好行为且零售商主导的闭环供应链中，(1) 制造商的利润满足当 $\mu<\mu_1$ 时，$\dfrac{d\bar{\pi}_m^{RM*}}{d\mu}>0$，当 $\mu>\mu_1$ 时，$\dfrac{d\bar{\pi}_m^{RM*}}{d\mu}<0$；当 $\mu<\mu_1$ 时，$\dfrac{d\bar{\pi}_m^{RR*}}{d\mu}>0$，当 $\mu>\mu_1$ 时，$\dfrac{d\bar{\pi}_m^{RR*}}{d\mu}<0$；当 $\mu<\mu_1$ 时，$\dfrac{d\bar{\pi}_m^{RT*}}{d\mu}>0$，当 $\mu>\mu_1$ 时，$\dfrac{d\bar{\pi}_m^{RT*}}{d\mu}<0$；

(2) 零售商的利润满足$\frac{d\bar{\pi}_r^{RM*}}{d\mu}<0$，$\frac{d\bar{\pi}_r^{RR*}}{d\mu}<0$，$\frac{d\bar{\pi}_r^{RT*}}{d\mu}<0$；(3) 系统的利润满足$\frac{d\bar{\pi}_c^{RM*}}{d\mu}<0$，$\frac{d\bar{\pi}_c^{RT*}}{d\mu}<0$，$\frac{d\bar{\pi}_c^{RR*}}{d\mu}<0$.

证明：(1) 由一阶导数，有$\frac{d\bar{\pi}_m^{RM*}}{d\mu}=\frac{4+13\mu+10\mu^2-\mu^3}{(1+2\mu)^2(2+3\mu)^3}P_f$. 当$0\leqslant\mu<\mu_1=11.5$时，$\frac{d\bar{\pi}_m^{RM*}}{d\mu}>0$；当$\mu>\mu_1=11.5$时，$\frac{d\bar{\pi}_m^{RM*}}{d\mu}<0$.

由一阶导数，有$\frac{d\bar{\pi}_m^{RR*}}{d\mu}=\frac{4+13\mu+10\mu^2-\mu^3}{(1+2\mu)^2(2+3\mu)^3}(P_f+P_r)$. 当$0\leqslant\mu<\mu_1=11.5$时，$\frac{d\bar{\pi}_m^{RR*}}{d\mu}>0$；当$\mu>\mu_1=11.5$时，$\frac{d\bar{\pi}_m^{RR*}}{d\mu}<0$.

由一阶导数，有$\frac{d\bar{\pi}_m^{RT*}}{d\mu}=\frac{4+13\mu+10\mu^2-\mu^3}{(1+2\mu)^2(2+3\mu)^3}P_f$. 当$0\leqslant\mu<\mu_1=11.5$时，$\frac{d\bar{\pi}_m^{RT*}}{d\mu}>0$；当$\mu>\mu_1=11.5$时，$\frac{d\bar{\pi}_m^{RT*}}{d\mu}<0$.

(2) 由一阶导数，有$\frac{d\bar{\pi}_r^{RM*}}{d\mu}=\frac{d\bar{\pi}_r^{RT*}}{d\mu}=\frac{-(1+\mu)(3+5\mu)}{(1+2\mu)^2(2+3\mu)^2}P_f<0$，$\frac{d\bar{\pi}_r^{RR*}}{d\mu}=\frac{-(1+\mu)(3+5\mu)}{(1+2\mu)^2(2+3\mu)^2}(P_f+P_r)<0$.

(3) 由一阶导数，有$\frac{d\bar{\pi}_c^{RM*}}{d\mu}=\frac{-2(1+2\mu)}{(2+3\mu)^3}P_f<0$，$\frac{d\bar{\pi}_c^{RR*}}{d\mu}=\frac{-2(1+2\mu)}{(2+3\mu)^3}(P_f+P_r)<0$，$\frac{d\bar{\pi}_c^{RT*}}{d\mu}=\frac{-2(1+2\mu)}{(2+3\mu)^3}P_f<0$. 证毕.

定理 6.4 表明，各方利润均会受到制造商竞争偏好行为的影响. 首先，对于制造商而言，该结论给出了决定制造商利润的关键值. 当制造商的竞争偏好强度小于关键值 ($0\leqslant\mu<\mu_1$) 时，制造商的利润是其竞争偏好强度的增函数，即随着制造商竞争偏好强度的增强，制造商的利润增加；当制造商的竞争偏好强度大于关键值 ($\mu>\mu_1$) 时，制造商的利润是其竞争偏好强度的减函数，即随着制造商竞争偏好强度的增强，制造商的利润减少. 其次，对于零售商而言，零售商的利润是制造商竞争偏好强度的减函数. 对于系统而言，系统利润也是制造商竞争偏好强度的减函数. 换言之，制造商的竞争偏好行为会对零售商利润和系统绩效产生不良的影响，即随着制造商竞争偏好强度的增强，零售商的利润和系统的利润均减少. 然而有趣的是，竞争偏好行为并不能总给制造商带来好处，当制造商的竞争偏好强度过强时，制造商的利润反而会随着其竞争偏好强度的增强而减少. 这一结论表明，制造商应采取适当的竞争偏好策略，即 $0\leqslant\mu<\mu_1$，用以获取更多的渠道利润.

**定理 6.5** 在制造商具有竞争偏好行为且零售商主导的闭环供应链中，制造商的利润、零售商的利润和系统利润分别满足：$\bar{\pi}_m^{\mathrm{RM}*}>\bar{\pi}_m^{\mathrm{RT}*}>\bar{\pi}_m^{\mathrm{RR}*}$，$\bar{\pi}_r^{\mathrm{RR}*}>\bar{\pi}_r^{\mathrm{RM}*}=\bar{\pi}_r^{\mathrm{RT}*}$，$\pi_c^{*}>\bar{\pi}_c^{\mathrm{RM}*}>\bar{\pi}_c^{\mathrm{RT}*}>\bar{\pi}_c^{\mathrm{RR}*}$.

证明：(1) 由 $\bar{\pi}_m^{\mathrm{RR}*}-\bar{\pi}_m^{\mathrm{RT}*}=-\dfrac{2+6\mu+7\mu^2+4\mu^3}{2(1+2\mu)(2+3\mu)^2}P_r<0$，可得 $\bar{\pi}_m^{\mathrm{RT}*}>\bar{\pi}_m^{\mathrm{RR}*}$；又 $\bar{\pi}_m^{\mathrm{RM}*}-\bar{\pi}_m^{\mathrm{RT}*}=\dfrac{1}{2}P_r>0$，可得 $\bar{\pi}_m^{\mathrm{RM}*}>\bar{\pi}_m^{\mathrm{RT}*}$；于是，$\bar{\pi}_m^{\mathrm{RM}*}>\bar{\pi}_m^{\mathrm{RT}*}>\bar{\pi}_m^{\mathrm{RR}*}$.

(2) 显然，$\bar{\pi}_r^{\mathrm{RR}*}>\bar{\pi}_r^{\mathrm{RM}*}=\bar{\pi}_r^{\mathrm{RT}*}$.

(3) 由 $\bar{\pi}_c^{\mathrm{RR}*}-\bar{\pi}_c^{\mathrm{RT}*}=-\dfrac{\mu(4+7\mu)}{4(2+3\mu)^2}<0$，可得 $\bar{\pi}_c^{\mathrm{RR}*}<\bar{\pi}_c^{\mathrm{RT}*}$；

又 $\bar{\pi}_c^{\mathrm{RM}*}-\bar{\pi}_c^{\mathrm{RT}*}=\dfrac{1}{4}P_r>0$. 可得 $\bar{\pi}_c^{\mathrm{RM}*}>\bar{\pi}_c^{\mathrm{RT}*}$；

于是，$\bar{\pi}_c^{\mathrm{RM}*}>\bar{\pi}_c^{\mathrm{RT}*}>\bar{\pi}_c^{\mathrm{RR}*}$. 证毕.

定理 6.5 给出了制造商竞争偏好且零售商主导时闭环供应链各方利润的排序. 容易发现，从系统的视角来看，当制造商具有竞争偏好行为时，制造商回收渠道最优. 从主导的零售商来看，零售商回收渠道最优.

实际上，通过在模型 RM*、模型 RR*、模型 RT* 中令 $\mu=0$，可以得到制造商竞争中性且零售商主导时闭环供应链模型 RM、模型 RR、模型 RT 的结果. 对比发现，无论制造商是否具有竞争偏好行为，零售商主导的闭环供应链最有效的回收渠道均为制造商回收渠道. 也就是说，制造商的竞争偏好行为没有改变系统最有效的回收渠道.

为了更加形象地展示制造商的竞争偏好对零售商主导的闭环供应链定价决策和效率的影响，下面进行数值仿真（见图 6.1~6.4）. 参数的选取如下：$A=120$，$\alpha=10$，$k=10$，$h=2$，$c_m=10$，$c_0=6$，$\delta=4$.

如图 6.1、图 6.2 和图 6.3 所示，展示了制造商的竞争偏好行为对 3 种回收渠道结构下闭环供应链利润的影响. 制造商的竞争偏好行为会对零售商利润和系统绩效产生不良的影响，即随着制造商竞争偏好强度的增强，零售商的利润和系统的利润均减少. 然而，有趣的是，竞争偏好行为并不能总给制造商带来好处，当制造商的竞争偏好强度过强时，制造商的利润反而会随着其竞争偏好强度的增强而减少. 这表明，制造商应采取适当的竞争偏好策略以获取更多的渠道利润.

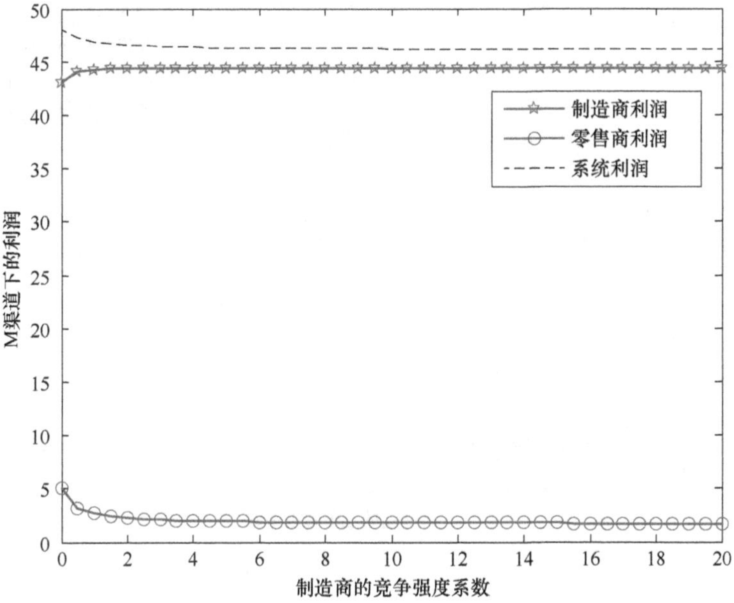


图 6.1　制造商回收渠道下的利润

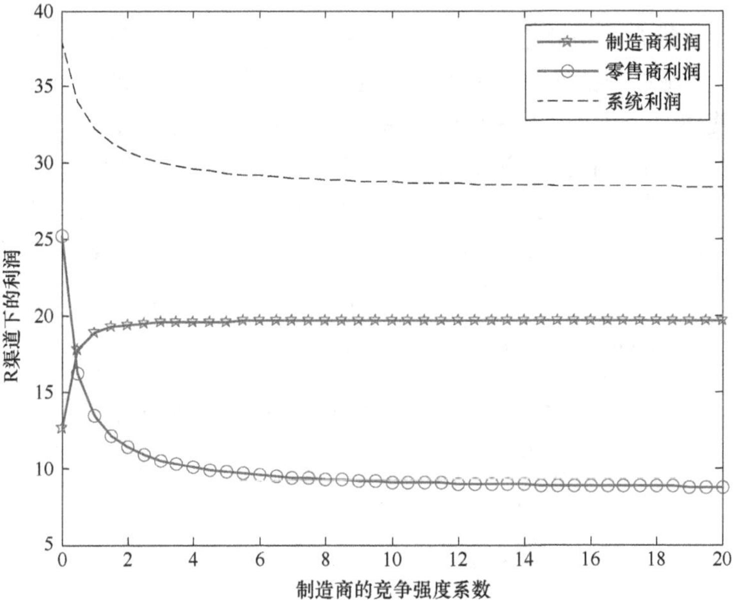


图 6.2　零售商回收渠道下的利润

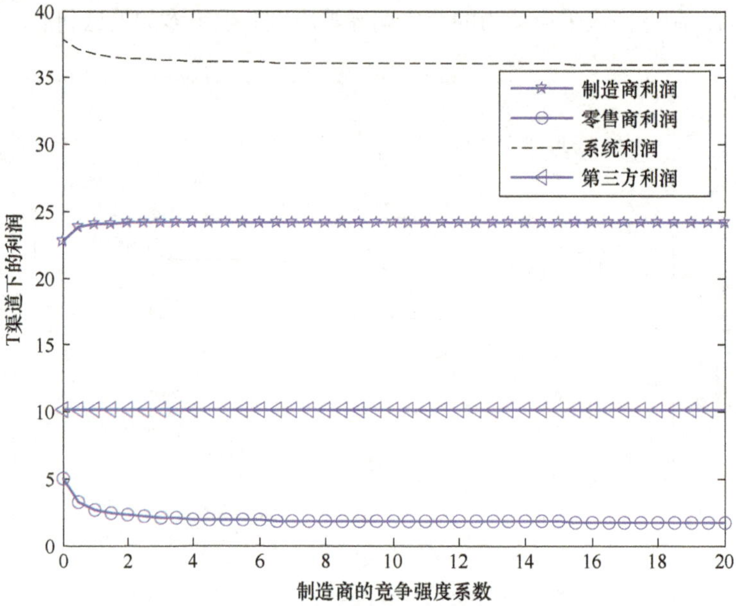


图 6.3　第三方回收渠道下的利润

## 6.4　契约设计

为进一步提升系统效率，本节探索制造商具有竞争偏好行为的闭环供应链的协调. 二部制契约被证实在闭环供应链链的协调中是有效的[135]，基于在实践中被广泛使用的二部制契约探讨闭环供应链的协调. 针对最有效的制造商回收渠道，进行契约设计. 在模型 RM$^*$ 中，零售商作为渠道的主导者提供一个合适的契约 $\{p^{\mathrm{RMe}*};F^{\mathrm{RM}}\}$ 给作为跟从者的制造商. 其中，$p^{\mathrm{RMe}*}$ 代表批发价格，$F^{\mathrm{RM}}$ 代表制造商付给零售商的固定费用. 为取得闭环供应链的协调，零售价格和回收价格需与集中决策模型相等. 于是，建立协调问题的模型如下：

$$\max_{p,F}\pi_r^{\mathrm{RMe}}=(p-w)(A-\alpha p)+F$$

$$\text{s. t.}\begin{cases}\pi_m^{\mathrm{RMe}}=(w-c_m)(A-\alpha p)+(\delta-b_m)(k+hb_m)-F\\ p^{\mathrm{RMe}*}=p^{\mathrm{C}*}\\ b_m^{\mathrm{RMe}*}=b^{\mathrm{C}*}\\ (w,b_m)=\max U_m^{\mathrm{RMe}}\\ \pi_r^{\mathrm{RMe}}\geqslant\bar{\pi}_r^{\mathrm{RM}*}\\ U_m^{\mathrm{RMe}}\geqslant\bar{U}_m^{\mathrm{RM}*}\end{cases}\tag{6.11}$$

由上述模型可以得到定理 6.6.

**定理 6.6**　在模型 $RM^*$ 中，零售商通过二部制契约 $\{p^{RMe*};F^{RM}\}=\left\{\frac{A+\alpha c_m}{2\alpha},\frac{(1+2\mu)(3+4\mu)}{(2+3\mu)^2}P_f\right\}$实现闭环供应链的协调，使得系统利润达到集中决策的最优水平. 相应地，制造商和零售商的利润分别为 $\pi_m^{RMe*}=\frac{1+8\mu+17\mu^2+11\mu^3}{(1+2\mu)(2+3\mu)^2}P_f+P_r$ 和 $\pi_r^{RMe*}=\frac{3+12\mu+16\mu^2+7\mu^3}{(1+2\mu)(2+3\mu)^2}P_f$.

证明：由 $\frac{\partial U_m^{RMe}}{\partial w}=0$，得制造商批发价格决策的最优反应函数 $w=\frac{(1+2\mu)(A-\alpha p)+(1+\mu)\alpha c_m+\mu\alpha p}{(1+2\mu)\alpha}$. 令 $p^{RMe*}=p^{C*}=\frac{A+\alpha c_m}{2\alpha}$，可以得到 $w^{RMe*}=\frac{(1+3\mu)A+(1+\mu)\alpha c_m}{2(1+2\mu)\alpha}$，又 $b_m^{RMe*}=b^{C*}=\frac{h\delta-k}{2h}$，将 $p^{RMe*}$，$w^{RMe*}$，$b_m^{RMe*}$ 代如 $\pi_m^{RMe}$ 和 $\pi_r^{RMe}$ 中，可得 $\pi_m^{RMe}=\frac{1+3\mu}{1+2\mu}P_f+P_r-F$，$\pi_r^{RMe}=-\frac{\mu}{1+2\mu}P_f+F$，于是 $U_m^{RMe}=(1+2\mu)P_f+(1+\mu)P_r-(1+2\mu)F$. 为了使各方均有完成契约的动力，契约参数 $F$ 需满足$\begin{cases}U_m^{RMe}\geqslant\overline{U}_m^{RM*},\\ \pi_r^{RMe}\geqslant\overline{\pi}_r^{RM*}\end{cases}$

即$\begin{cases}(1+2\mu)P_f+(1+\mu)P_r-(1+2\mu)F\geqslant\frac{(1+2\mu)(1+\mu)^2}{(2+3\mu)^2}P_f+(1+\mu)P_r,\\ -\frac{\mu}{1+2\mu}P_f+F\geqslant\frac{(1+2\mu)^2}{(1+2\mu)(2+3\mu)}P_f.\end{cases}$

于是，得到 $F$ 满足的范围：$\frac{1+2\mu}{2+3\mu}P_f\leqslant F\leqslant\frac{(1+2\mu)(3+4\mu)}{(2+3\mu)^2}P_f$. 零售商最大化其利润，选择契约参数 $F^{RM}=\frac{(1+2\mu)(3+4\mu)}{(2+3\mu)^2}P_f$. 相应地，有 $\pi_m^{RMe*}=\frac{1+8\mu+17\mu^2+11\mu^3}{(1+2\mu)(2+3\mu)^2}P_f+P_r$，$\pi_r^{RMe*}=\frac{3+12\mu+16\mu^2+7\mu^3}{(1+2\mu)(2+3\mu)^2}P_f$，以及 $\pi_m^{RMe*}+\pi_r^{RMe*}=P_f+P_r=\Pi^{C*}$. 证毕.

更进一步地，发现契约参数 $F^{RM}$受到制造商竞争偏好强度的影响，有定理 6.7.

**定理 6.7**　在二部制契约中契约参数 $F^{RM}$满足$\frac{dF^{RM}}{d\mu}=\frac{2(1+\mu)}{(2+3\mu)^3}P_f\geqslant0$.

定理 6.7 表明，契约参数 $F^{RM}$是制造商竞争偏好强度系数的单调递增函数，即随着制造商竞争偏好强度的增强，制造商交付给零售商的固定费用增多. 二部制契约能够对制造商的竞争偏好行为进行制约，是应对其竞争偏好行为的一种有效方法.

## 6.5 扩展研究

主导模式对于闭环供应链的决策和效率的影响重大[72][73]. 当闭环供应链的成员具有竞争偏好行为时，最优的主导模式很有可能发生改变. 因此，本节进行扩展研究. 以零售商回收渠道结构为例，探讨制造商的竞争偏好行为对不同主导模式下闭环供应链决策和效率的影响，分析制造商具有竞争偏好行为时何种主导模式最优. 为与前面章节中的公式相区别，在本节的拓展分析中公式均采用单上标，其中上角标“N”代表无领导模型、上角标“M”代表制造商主导模式、上角标“R”代表零售商主导模式，上标“-”表示制造商具有竞争偏好行为.

### 6.5.1 主导模型

#### 6.5.1.1 无领导模型

在无领导模型中，制造商和零售商均不能主导系统. 决策时制造商和零售商同时行动，博弈顺序为具有竞争偏好行为的制造商最大化其效用，决策批发价格 $w$ 和回收转移价格 $b_m$；同时零售商最大化其利润，决策销售价格 $p$ 及回收价格 $b_r$.

将 $p=w+m$ 和 $b_m=b_r+n$ 分别代入式（6.6），对 $w$ 和 $b_m$ 分别求一阶偏导，令其为零，整理后可得

$$(1+\mu)(A-\alpha w-\alpha p+\alpha c_m)+\mu(A-\alpha p)=0, \tag{6.12}$$

$$(1+\mu)(-k-hb_r-hb_m+h\delta)-\mu(k+hb_r)=0. \tag{6.13}$$

式（6.4）对 $p$ 和 $b_r$ 分别求一阶偏导，并令其为零，整理后可得

$$A-2\alpha p+\alpha w=0, \tag{6.14}$$

$$-k-2hb_r+hb_m=0, \tag{6.15}$$

联立式（6.12）和式（6.14），得

$$\begin{cases}\bar{p}^{N*}=\dfrac{(2+3\mu)A+(1+\mu)\alpha c_m}{(3+4\mu)\alpha},\\ \bar{w}^{N*}=\dfrac{(1+2\mu)A+2(1+\mu)\alpha c_m}{(3+4\mu)\alpha}.\end{cases} \tag{6.16}$$

联立式（6.13）和式（6.15），得

$$\begin{cases}\bar{b}_r^{\mathrm{N}*}=\dfrac{(1+\mu)h\delta-(2+3\mu)k}{(3+4\mu)h},\\ \bar{b}_m^{\mathrm{N}*}=\dfrac{2(1+\mu)h\delta-(1+2\mu)k}{(3+4\mu)h}.\end{cases}\tag{6.17}$$

为了表述方便记 $J=P_f+P_r=\dfrac{(A-\alpha c_m)^2}{4\alpha}+\dfrac{(h\delta+k)^2}{4h}$. 于是，得 $\bar{\mathrm{N}}$ 模式下制造商、零售商和系统的最优利润，以及制造商的效用

$$\bar{\pi}_m^{\mathrm{N}*}=\frac{4(1+\mu)(1+2\mu)}{(3+4\mu)^2}J,\tag{6.18}$$

$$\bar{\pi}_r^{\mathrm{N}*}=\frac{4(1+\mu)^2}{(3+4\mu)^2}J,\tag{6.19}$$

$$\bar{\Pi}^{\mathrm{N}*}=\frac{4(1+\mu)(2+3\mu)}{(3+4\mu)^2}J,\tag{6.20}$$

$$\bar{U}_m^{\mathrm{N}*}=\frac{4(1+\mu)^3}{(3+4\mu)^2}J.\tag{6.21}$$

#### 6.5.1.2　制造商主导模型

在此模型中，制造商具有竞争偏好行为且为市场的主导者. 博弈顺序为制造商最大化自身的效用，先行制定批发价格 $w$ 和回收转移价格 $b_m$；零售商随后最大化其利润决策其销售价格 $p$ 及回收价格 $b_r$.

根据逆推法，联立$\dfrac{\partial\pi_r}{\partial p}=0$ 和$\dfrac{\partial\pi_r}{\partial b_r}=0$，解得零售商的最佳反应函数

$$\begin{cases}p=\dfrac{A+\alpha w}{2\alpha},\\ b_r=\dfrac{hb_m-k}{2h}.\end{cases}\tag{6.22}$$

把式（6.22）代入式（6.6），制造商最大化其效用函数，得其相应的最优定价

$$\begin{cases}\bar{w}^{\mathrm{M}*}=\dfrac{(1+2\mu)A+(1+\mu)\alpha c_m}{(2+3\mu)\alpha},\\ \bar{b}_m^{\mathrm{M}*}=\dfrac{(1+\mu)h\delta-(1+2\mu)k}{(2+3\mu)h}.\end{cases}\tag{6.23}$$

再将式（6.23）代入式（6.22），得零售商的最优定价

$$\begin{cases}\bar{p}^{M*}=\dfrac{(3+5\mu)A+(1+\mu)\alpha c_m}{2(2+3\mu)\alpha},\\ \bar{b}_r^{M*}=\dfrac{(1+\mu)h\delta-(3+5\mu)k}{2(2+3\mu)h}.\end{cases}\tag{6.24}$$

于是，得 $\overline{\mathrm{M}}$ 模式下制造商、零售商和系统的最优利润以及制造商的效用

$$\bar{\pi}_m^{M*}=\frac{2(1+\mu)(1+2\mu)}{(2+3\mu)^2}J,\tag{6.25}$$

$$\bar{\pi}_r^{M*}=\frac{(1+\mu)^2}{(2+3\mu)^2}J,\tag{6.26}$$

$$\bar{\Pi}^{M*}=\frac{(1+\mu)(3+5\mu)}{(2+3\mu)^2}J,\tag{6.27}$$

$$\bar{U}_m^{M*}=\frac{(1+\mu)^2}{2+3\mu}J.\tag{6.28}$$

#### 6.5.1.3 零售商主导模型

在此模型中，零售商为市场的主导者. 博弈顺序为：零售商最大化其利润，先行制定零售价格 $p$ 及回收价格 $b_r$；制造商最大化其效用，随后决策批发价格 $w$ 和回收转移价格 $b_m$.

根据逆推法，联立 $\dfrac{\partial U_m}{\partial w}=0$ 和 $\dfrac{\partial U_m}{\partial b_m}=0$，得制造商的最佳反应函数

$$\begin{cases}w=\dfrac{(1+\mu)(A+\alpha c_m)-\alpha p}{(1+2\mu)\alpha},\\ b_m=\dfrac{(1+\mu)(h\delta-k)-hb_r}{(1+2\mu)h}.\end{cases}\tag{6.29}$$

把式（6.29）代入式（6.4），零售商最大化其利润决策相应的最优定价

$$\begin{cases}\bar{p}^{R*}=\dfrac{3A+\alpha c_m}{4\alpha},\\ \bar{b}_r^{R*}=\dfrac{h\delta-3k}{4h}.\end{cases}\tag{6.30}$$

再将式（6.30）代入式（6.29），得制造商的最优定价

$$\begin{cases}\bar{w}^{R*}=\dfrac{(1+4\mu)A+(3+4\mu)\alpha c_m}{4(1+2\mu)\alpha},\\ \bar{b}_m^{R*}=\dfrac{(3+4\mu)h\delta-(1+4\mu)k}{4(1+2\mu)h}.\end{cases}\tag{6.31}$$

于是，得 $\bar{R}$ 模式下制造商、零售商和系统的最优利润以及制造商的效用

$$\bar{\pi}_m^{R*}=\frac{1+4\mu}{4(1+2\mu)}J, \tag{6.32}$$

$$\bar{\pi}_r^{R*}=\frac{1+\mu}{2(1+2\mu)}J, \tag{6.33}$$

$$\bar{\Pi}^{R*}=\frac{3}{4}J, \tag{6.34}$$

$$\bar{U}_m^{R*}=\frac{1+\mu}{4}J. \tag{6.35}$$

### 6.5.2　绩效分析

将制造商竞争偏好下闭环供应链模型的决策结果和利润进行归纳，如表 6.1 所示.

表 6.1　制造商具有竞争偏好的闭环供应链模型

| 决策及利润 | 分散决策 | | |
|---|---|---|---|
| | $\bar{N}$ 模式 | $\bar{M}$ 模式 | $\bar{R}$ 模式 |
| $p^*$ | $\bar{p}^{N*}=\frac{(2+3\mu)A+(1+\mu)\alpha c_m}{(3+4\mu)\alpha}$ | $\bar{p}^{M*}=\frac{(3+5\mu)A+(1+\mu)\alpha c_m}{2(2+3\mu)\alpha}$ | $\bar{p}^{R*}=\frac{3A+\alpha c_m}{4\alpha}$ |
| $b_r^*$ | $\bar{b}_r^{N*}=\frac{(1+\mu)h\delta-(2+3\mu)k}{(3+4\mu)h}$ | $\bar{b}_r^{M*}=\frac{(1+\mu)h\delta-(3+5\mu)k}{2(2+3\mu)h}$ | $\bar{b}_r^{R*}=\frac{h\delta-3k}{4h}$ |
| $w^*$ | $\bar{w}^{N*}=\frac{(1+2\mu)A+2(1+\mu)\alpha c_m}{(3+4\mu)\alpha}$ | $\bar{w}^{M*}=\frac{(1+2\mu)A+(1+\mu)\alpha c_m}{(2+3\mu)\alpha}$ | $\bar{w}^{R*}=\frac{(1+4\mu)A+(3+4\mu)\alpha c_m}{4(1+2\mu)\alpha}$ |
| $b_m^*$ | $\bar{b}_m^{N*}=\frac{2(1+\mu)h\delta-(1+2\mu)k}{(3+4\mu)h}$ | $\bar{b}_m^{M*}=\frac{(1+\mu)h\delta-(1+2\mu)k}{(2+3\mu)h}$ | $\bar{b}_m^{R*}=\frac{(3+4\mu)h\delta-(1+4\mu)k}{4(1+2\mu)h}$ |
| $\pi_m^*$ | $\bar{\pi}_m^{N*}=\frac{4(1+\mu)(1+2\mu)}{(3+4\mu)^2}J$ | $\bar{\pi}_m^{M*}=\frac{2(1+2\mu)(1+\mu)}{(2+3\mu)^2}J$ | $\bar{\pi}_m^{R*}=\frac{1+4\mu}{4(1+2\mu)}J$ |
| $\pi_r^*$ | $\bar{\pi}_r^{N*}=\frac{4(1+\mu)^2}{(3+4\mu)^2}J$ | $\bar{\pi}_r^{M*}=\frac{(1+\mu)^2}{(2+3\mu)^2}J$ | $\bar{\pi}_r^{R*}=\frac{1+\mu}{2(1+2\mu)}J$ |
| $\Pi$ | $\bar{\Pi}^{N*}=\frac{4(1+\mu)(2+3\mu)}{(3+4\mu)^2}J$ | $\bar{\Pi}^{M*}=\frac{(1+\mu)(3+5\mu)}{(2+3\mu)^2}J$ | $\bar{\Pi}^{R*}=\frac{3}{4}J$ |
| $U_m^*$ | $\bar{U}_m^{N*}=\frac{4(1+\mu)^3}{(3+4\mu)^2}J$ | $\bar{U}_m^{M*}=\frac{(1+\mu)^2}{2+3\mu}J$ | $\bar{U}_m^{R*}=\frac{1+\mu}{4}J$ |

**定理 6.8**　$\bar{N}$ 模式下，新产品的零售价格 $\bar{p}^{N*}$ 和批发价格 $\bar{w}^{N*}$ 是 $\mu$ 的增函数，

废旧产品的回收转移价格 $\bar{b}_m^{N*}$ 和回收价格 $\bar{b}_r^{N*}$ 是 $\mu$ 的减函数.

**证明**：由 $\frac{\partial \bar{p}^{N*}}{\partial \mu}=\frac{A-\alpha c_m}{(3+4\mu)^2\alpha}>0$,

$\frac{\partial \bar{b}_r^{N*}}{\partial \mu}=\frac{-(h\delta+k)}{(3+4\mu)^2 h}<0$,

$\frac{\partial \bar{w}^{N*}}{\partial \mu}=\frac{2(A-\alpha c_m)}{(3+4\mu)^2\alpha}>0$,

$\frac{\partial \bar{b}_m^{N*}}{\partial \mu}=\frac{-2(h\delta+k)}{(3+4\mu)^2 h}<0$. 证毕.

定理 6.8 表明，$\bar{\mathrm{N}}$ 模式下，新产品的零售价格和批发价格随着制造商竞争偏好强度的增强而增大. 可见，制造商的竞争偏好行为对无领导模式下的正向供应链不利. 废旧产品的回收转移价格和回收价格随着制造商竞争偏好强度的增强而减少. 可见，制造商的竞争偏好行为对无领导模式下的逆向供应链不利.

**定理 6.9** $\bar{\mathrm{M}}$ 模式下，新产品的零售价格 $\bar{p}^{M*}$ 和批发价格 $\bar{w}^{M*}$ 是 $\mu$ 的增函数；废旧产品的回收转移价格 $\bar{b}_m^{M*}$ 和回收价格 $\bar{b}_r^{M*}$ 是 $\mu$ 的减函数.

**证明**：由 $\frac{\partial \bar{p}^{M*}}{\partial \mu}=\frac{A-\alpha c_m}{2(2+3\mu)^2\alpha}>0$,

$\frac{\partial \bar{b}_r^{M*}}{\partial \mu}=\frac{-(h\delta+k)}{2(2+3\mu)^2 h}<0$,

$\frac{\partial \bar{w}^{M*}}{\partial \mu}=\frac{(1+2\mu)(A-\alpha c_m)}{(2+3\mu)^2\alpha}>0$,

$\frac{\partial \bar{b}_m^{M*}}{\partial \mu}=-\frac{h\delta+k}{(2+3\mu)^2 h}<0$. 证毕.

定理 6.9 表明，$\bar{\mathrm{M}}$ 模式下，新产品的零售价格和批发价格随着制造商竞争偏好强度的增大而增大. 可见，制造商的竞争偏好行为对制造商主导模式下的正向供应链不利. 废旧产品的回收转移价格和回收价格随着制造商竞争偏好强度的增强而减少. 可见，制造商的竞争偏好行为对制造商主导模式下的逆向供应链不利.

**定理 6.10** $\bar{\mathrm{R}}$ 模式下，新产品的批发价格 $\bar{w}^{R*}$ 是 $\mu$ 的增函数，废旧产品的回收转移价格 $\bar{b}_m^{R*}$ 是 $\mu$ 的减函数；新产品的零售价格 $\bar{p}^{R*}$ 和废旧产品的回收价格 $\bar{b}_r^{R*}$ 与 $\mu$ 无关.

**证明**：由 $\frac{\partial \bar{w}^{R*}}{\partial \mu}=\frac{A-\alpha c_m}{2(1+2\mu)^2\alpha}>0$，知 $\bar{w}^{R*}$ 是 $\mu$ 的增函数.

由 $\frac{\partial \bar{b}_m^{R*}}{\partial \mu}=-\frac{h\delta+k}{(1+2\mu)^2 h}<0$，知 $\bar{b}_m^{R*}$ 是 $\mu$ 的减函数. 证毕.

定理 6.10 表明，$\bar{R}$ 模式下，新产品的批发价格随着制造商竞争偏好强度的增大而增大，废旧产品的回收转移价格随着制造商竞争偏好强度的增强而减少. 可见，具有竞争偏好行为的制造商通过提高批发价格以及降低回收转移价格来与零售商争夺渠道利润. 新产品的零售价格和废旧产品的回收价格不受制造商竞争偏好行为的影响. 可见，零售商主导模式能够规避制造商的竞争偏好对系统定价决策的影响.

**定理 6.11**　$\bar{N}$ 模式下，制造商利润 $\bar{\pi}_m^{N*}$ 是 $\mu$ 的增函数，零售商利润 $\bar{\pi}_r^{N*}$ 和系统利润 $\bar{\Pi}^{N*}$ 是 $\mu$ 的减函数.

**证明：** 由 $\frac{\partial \bar{\pi}_m^{N*}}{\partial \mu}=\frac{5}{(3+4\mu)^3}J>0$，知 $\bar{\pi}_m^{N*}$ 是 $\mu$ 的增函数.

由 $\frac{\partial \bar{\pi}_r^{N*}}{\partial \mu}=\frac{-8(1+\mu)}{(3+4\mu)^3}J<0$，知 $\bar{\pi}_r^{N*}$ 是 $\mu$ 的减函数.

由 $\frac{\partial \bar{\Pi}^{N*}}{\partial \mu}=\frac{-4(1+2\mu)}{(3+4\mu)^3}J<0$，知 $\bar{\Pi}^{N*}$ 是 $\mu$ 的减函数. 证毕.

定理 6.11 表明，$\bar{N}$ 模式下，制造商利润随着制造商竞争偏好强度的增强而增大，而零售商利润和系统利润随着制造商竞争偏好强度的增强而减少. 可见，无主导模式下制造商的竞争偏好对其自身有利，对零售商和系统不利.

**定理 6.12**　$\bar{M}$ 模式下，制造商利润 $\bar{\pi}_m^{M*}$、零售商利润 $\bar{\pi}_r^{M*}$ 和系统利润 $\bar{\Pi}^{M*}$ 是 $\mu$ 的减函数.

**证明：** 由 $\frac{\partial \bar{\pi}_m^{M*}}{\partial \mu}=\frac{-2\mu}{(2+3\mu)^3}J\leqslant 0$，知 $\bar{\pi}_m^{M*}$ 是 $\mu$ 的减函数.

由 $\frac{\partial \bar{\pi}_r^{M*}}{\partial \mu}=\frac{-2(1+\mu)}{(2+3\mu)^3}J\leqslant 0$，知 $\bar{\pi}_r^{M*}$ 是 $\mu$ 的减函数.

由 $\frac{\partial \bar{\Pi}^{M*}}{\partial \mu}=\frac{-2(1+2\mu)}{(2+3\mu)^3}J\leqslant 0$，知 $\bar{\Pi}^{M*}$ 是 $\mu$ 的减函数. 证毕.

定理 6.12 表明，$\bar{M}$ 模式下，制造商利润、零售商利润以及系统利润随着制造商竞争偏好强度的增强而减少，制造商的竞争偏好程度越强，则各方及系统利润越低. 可见，制造商的竞争偏好行为对制造商主导下的各方均不利. 值得注意的是，在制造商主导模式中，制造商的利润随着其竞争偏好的增强，其利润不升反降，即制造商主导模式中制造商的竞争偏好对其自身也是不利的.

**定理 6.13** $\bar{R}$ 模式下，制造商利润 $\bar{\pi}_m^{R*}$ 是 $\mu$ 的增函数、零售商利润 $\bar{\pi}_r^{R*}$ 是 $\mu$ 的减函数，系统利润 $\bar{\Pi}^{R*}$ 与 $\mu$ 无关，且 $\bar{\Pi}^{R*}=\Pi^{R*}$.

证明：由 $\dfrac{\partial\bar{\pi}_m^{R*}}{\partial\mu}=\dfrac{1}{2(1+2\mu)^2}J>0$，知 $\bar{\pi}_m^{R*}$ 是 $\mu$ 的增函数.

由 $\dfrac{\partial\bar{\pi}_r^{R*}}{\partial\mu}=\dfrac{-2}{(1+2\mu)^3}J<0$，知 $\bar{\pi}_r^{R*}$ 是 $\mu$ 的减函数.

以及 $\bar{\Pi}^{R*}=\dfrac{3}{4}J=\Pi^{R*}$，知 $\bar{\Pi}^{R*}$ 与 $\mu$ 无关. 证毕.

定理 6.13 表明，$\bar{R}$ 模式下，制造商利润随着制造商竞争偏好强度的增强而增大，而零售商利润随着制造商竞争偏好强度的增强而减少，系统利润与制造商竞争偏好强度系数无关，且保持在制造商竞争中性时的最优水平. 可见，处于主导地位的零售商通过牺牲自身利益让利于制造商，从而使得系统绩效免受制造商竞争偏好行为的影响.

**定理 6.14** 制造商具有竞争偏好行为时，不同主导模式下新产品的零售价格满足 $\bar{p}^{M*}\geqslant\bar{p}^{R*}\geqslant\bar{p}^{N*}\geqslant p^{C*}$，废旧产品的回收价格满足 $\bar{b}_r^{M*}<\bar{b}_r^{R*}<\bar{b}_r^{N*}<b_r^{C*}$.

证明：由 $\bar{p}^{M*}-\bar{p}^{R*}=\dfrac{(3+5\mu)A+(1+\mu)\alpha c_m}{2(2+3\mu)\alpha}-\dfrac{3A+\alpha c_m}{4\alpha}=\dfrac{\mu(A-\alpha c_m)}{4(2+3\mu)\alpha}\geqslant0$,

$$\bar{p}^{R*}-\bar{p}^{N*}=\frac{3A+\alpha c_m}{4\alpha}-\frac{(2+3\mu)A+(1+\mu)\alpha c_m}{(3+4\mu)\alpha}=\frac{A-\alpha c_m}{4(3+4\mu)\alpha}\geqslant0,$$

$$\bar{p}^{N*}-p^{C*}=\frac{(2+3\mu)A+(1+\mu)\alpha c_m}{(3+4\mu)\alpha}-\frac{A+\alpha c_m}{2\alpha}=\frac{(1+2\mu)(A-\alpha c_m)}{2(3+4\mu)\alpha}\geqslant0,$$

$$\bar{b}_r^{M*}-\bar{b}_r^{R*}=\frac{(1+\mu)h\delta-(3+5\mu)k}{2(2+3\mu)h}-\frac{h\delta-3k}{4h}=-\frac{\mu(h\delta+k)}{4(2+3\mu)h}<0,$$

$$\bar{b}_r^{R*}-\bar{b}_r^{N*}=\frac{h\delta-3k}{4h}-\frac{(1+\mu)h\delta-(2+3\mu)k}{(3+4\mu)h}=-\frac{(h\delta+k)}{4(3+4\mu)h}<0,$$

$$\bar{b}_r^{N*}-b_r^{C*}=\frac{(1+\mu)h\delta-(2+3\mu)k}{(3+4\mu)h}-\frac{h\delta-k}{2h}=\frac{-(1+2\mu)(h\delta+k)}{(3+4\mu)h}<0.$$ 证毕.

定理 6.14 表明，制造商具有竞争偏好行为时，不同主导模式下零售价格的关系是制造商主导模式高于零售商主导模式，零售商主导模式高于无领导模式，无领导模式高于集中决策模式；不同主导模式下回收价格的关系是制造商主导模式低于零售商主导模式，零售商主导模式低于无领导模式，无领导模式低于集中决策模式. 可见，对消费者和资源环境来说，集中决策模式最有利、制造商主导模式最不利.

**定理 6.15**　制造商具有竞争偏好行为时，不同主导模式下新产品的批发价格满足 $\bar{w}^{M*} \geqslant \bar{w}^{N*} \geqslant \bar{w}^{R*}$，废旧产品的回收转移价格满足 $\bar{b}_m^{M*} < \bar{b}_m^{N*} < \bar{b}_m^{R*}$.

证明：由

$$\bar{w}^{M*} - \bar{w}^{N*} = \frac{(1+2\mu)A+(1+\mu)\alpha c_m}{(2+3\mu)\alpha} - \frac{(1+2\mu)A+2(1+\mu)\alpha c_m}{(3+4\mu)\alpha}$$

$$= \frac{(1+\mu)(1+2\mu)(A-\alpha c_m)}{(2+3\mu)(3+4\mu)\alpha} \geqslant 0$$

$$\bar{w}^{N*} - \bar{w}^{R*} = \frac{(1+2\mu)A+2(1+\mu)\alpha c_m}{(3+4\mu)\alpha} - \frac{(1+4\mu)A+(3+4\mu)\alpha c_m}{4(1+2\mu)\alpha}$$

$$= \frac{A-\alpha c_m}{4(1+2\mu)(3+4\mu)\alpha} \geqslant 0,$$

$$\bar{b}_m^{R*} - \bar{b}_m^{N*} = \frac{(3+4\mu)h\delta-(1+4\mu)k}{4(1+2\mu)h} - \frac{2(1+\mu)h\delta-(1+2\mu)k}{(3+4\mu)h} = \frac{h\delta+k}{4(1+2\mu)(3+4\mu)h} > 0,$$

$$\bar{b}_m^{N*} - \bar{b}_m^{M*} = \frac{2(1+\mu)h\delta-(1+2\mu)k}{(3+4\mu)h} - \frac{(1+\mu)h\delta-(1+2\mu)k}{(2+3\mu)h} = \frac{(1+\mu)(1+2\mu)(h\delta+k)}{(3+4\mu)(2+3\mu)h} > 0.$$

证毕.

定理 6.15 表明，制造商具有竞争偏好行为时，批发价格在不同主导模式下由高到低的关系依次是制造商主导模式，无领导模式，零售商主导模式；回收转移价格在不同主导模式下由低到高的关系依次是制造商主导模式，无领导模式，零售商主导模式. 可见，制造商主导模式加剧了竞争偏好制造商对渠道利润的争夺，零售商主导模式能够削弱竞争偏好制造商对渠道利润的争夺.

**定理 6.16**　制造商具有竞争偏好行为时，不同主导模式下制造商的利润满足，当 $0 \leqslant \mu < \frac{\sqrt{2}}{2}$ 时，$\bar{\pi}_m^{M*} > \bar{\pi}_m^{N*} > \bar{\pi}_m^{R*}$；当 $\frac{\sqrt{2}}{2} \leqslant \mu < 2.9$ 时，$\bar{\pi}_m^{N*} \geqslant \bar{\pi}_m^{M*} > \bar{\pi}_m^{R*}$；当 $\mu \geqslant 2.9$ 时，$\bar{\pi}_m^{N*} > \bar{\pi}_m^{R*} \geqslant \bar{\pi}_m^{M*}$.

证明：由 $\bar{\pi}_m^{M*} - \bar{\pi}_m^{N*} = \frac{2(1+\mu)(1+2\mu)(1-2\mu^2)}{(2+3\mu)^2(3+4\mu)^2}J = 0$，得 $\mu = \frac{\sqrt{2}}{2}$，

所以，当 $0 \leqslant \mu < \frac{\sqrt{2}}{2}$ 时，$\bar{\pi}_m^{M*} > \bar{\pi}_m^{N*}$；当 $\mu \geqslant \frac{\sqrt{2}}{2}$ 时，$\bar{\pi}_m^{N*} \geqslant \bar{\pi}_m^{M*}$.

又 $\bar{\pi}_m^{N*} - \bar{\pi}_m^{R*} = \frac{16\mu^2+20\mu+7}{4(1+2\mu)(3+4\mu)^2}J > 0$，故 $\bar{\pi}_m^{N*} > \bar{\pi}_m^{R*}$，

又 $\bar{\pi}_m^{M*} - \bar{\pi}_m^{R*} = \frac{4+12\mu+7\mu^2-4\mu^3}{4(1+2\mu)(2+3\mu)^2}J = 0$，得 $\mu = 2.9$.

于是，当$\frac{\sqrt{2}}{2}\leqslant\mu\leqslant 2.9$时，$\bar{\pi}_m^{N*}\geqslant\bar{\pi}_m^{M*}>\bar{\pi}_m^{R*}$；当$\mu\geqslant 2.9$时，$\bar{\pi}_m^{N*}>\bar{\pi}_m^{R*}\geqslant\bar{\pi}_m^{M*}$.

证毕.

定理6.16表明，制造商具有竞争偏好行为时，不同主导模式下制造商利润的关系是当制造商的竞争偏好强度较弱时，制造商主导模式高于无领导模式，无领导模式高于零售商主导模式；当制造商的竞争偏好强度在一定范围以内时，无领导模式高于制造商主导模式，制造商主导模式高于零售商主导模式；当制造商的竞争偏好强度超过此范围时，无领导模式高于零售商主导模式，零售商主导模式高于制造商主导模式.

**定理6.17**　制造商具有竞争偏好行为时，不同主导模式下制造商的效用满足$\bar{U}_m^{M*}>\bar{U}_m^{N*}>\bar{U}_m^{R*}$.

证明：由$\bar{U}_m^{M*}-\bar{U}_m^{N*}=\frac{(1+\mu)^2(1+2\mu)^2}{(3+4\mu)^2(2+3\mu)}J>0$，$\bar{U}_m^{N*}-\bar{U}_m^{R*}=\frac{(1+\mu)(7+8\mu)}{4(3+4\mu)^2}J>0$，得定理成立．证毕.

定理6.17表明，不同主导模式下，制造商效用的关系是制造商主导模式高于无领导模式，无领导模式高于零售商主导模式.

结合定理6.16发现，当制造商的竞争偏好强度较弱$\left(0\leqslant\mu<\frac{\sqrt{2}}{2}\right)$时，制造商的利润和效用在不同主导模式中的排序是一样的；而当制造商的竞争偏好强度较强$\left(\mu\geqslant\frac{\sqrt{2}}{2}\right)$时，制造商在其主导模式中的效用最高，但却收获低于在无领导模式中利润．可见，对具有强竞争偏好行为的制造商而言，其不适合作为闭环供应链的主导者.

**定理6.18**　制造商具有竞争偏好行为时，不同主导模式下零售商的利润满足$\bar{\pi}_r^{R*}>\bar{\pi}_r^{N*}>\bar{\pi}_r^{M*}$.

证明：由$\bar{\pi}_r^{R*}-\bar{\pi}_r^{N*}=\frac{(1+\mu)(14\mu^2+21\mu+8)}{2(1+2\mu)(3+4\mu)^2}J>0$，$\bar{\pi}_r^{N*}-\bar{\pi}_r^{M*}=\frac{(1+\mu)^2(7+20\mu^2)}{(2+3\mu)^2(3+4\mu)^2}J>0$，得定理成立．证毕.

定理6.18表明，不同主导模式下，零售商利润的关系是：零售商主导模式高于无领导模式，无领导模式高于制造商主导模式．可见，对于零售商而言，其主导对其最有利、制造商主导对其最不利.

**定理6.19**　制造商具有竞争偏好行为时，不同主导模式下系统的利润满足

$\Pi^{C*} > \overline{\Pi}^{N*} > \overline{\Pi}^{R*} > \overline{\Pi}^{M*}$.

证明：由 $\Pi^{C*} - \overline{\Pi}^{N*} = \dfrac{(1+2\mu)^2}{(3+4\mu)^2} J > 0$,

$\overline{\Pi}^{N*} - \overline{\Pi}^{R*} = \dfrac{5+18\mu}{4(3+4\mu)^2} J > 0$,

$\overline{\Pi}^{R*} - \overline{\Pi}^{M*} = \dfrac{4\mu+7\mu^2}{4(2+3\mu)^2} J > 0$，定理成立. 证毕.

定理 6.19 表明，集中决策系统优于分散决策系统，在分散决策系统中不同主导模式下利润的关系是无领导模式高于零售商主导模式，零售商主导模式高于制造商主导模式. 可见，分散决策系统存在绩效损失，闭环供应链处于不协调状态. 对于系统而言，集中决策模式最优，分散决策下的无领导模式其次、零售商主导模式再次、制造商主导模式最次. 同时表明，具有竞争偏好行为的制造商不适合作为闭环供应链的主导者.

### 6.5.3 数值验证

下面通过数值仿真来验证上述模型的结论. 相关参数的选取为 $A=100$，$\alpha=1$，$k=10$，$h=20$，$c_m=10$，$c_0=6$，$\delta=4$，$\mu=1$.

如图 6.4~图 6.7 所示，直观展示了制造商的竞争偏好行为对不同主导模式下闭环供应链定价的影响.

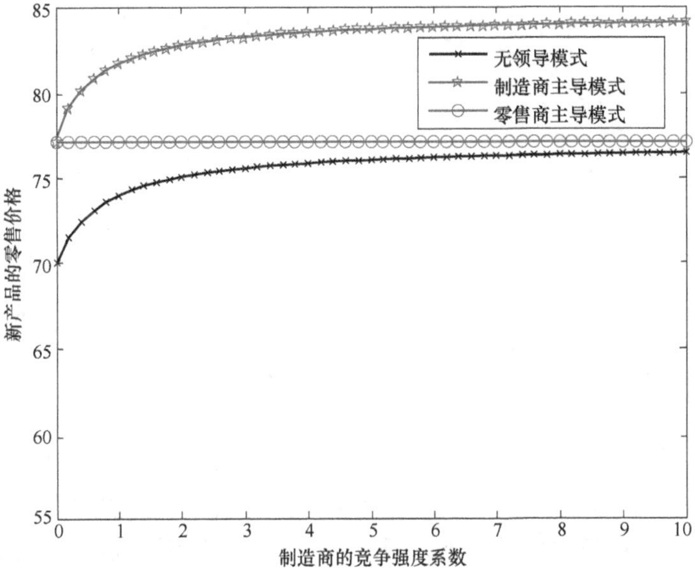


图 6.4 制造商竞争偏好行为对不同主导模式下零售价格的影响

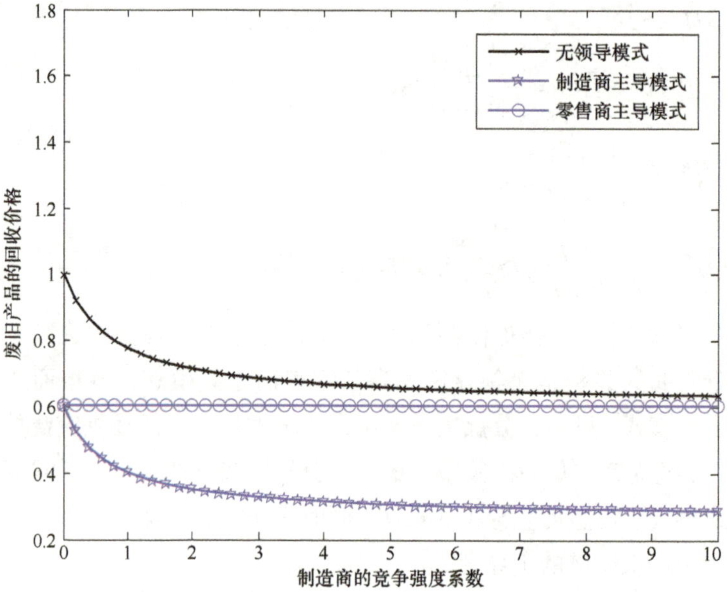


图 6.5　制造商竞争偏好行为对不同主导模式下回收价格的影响

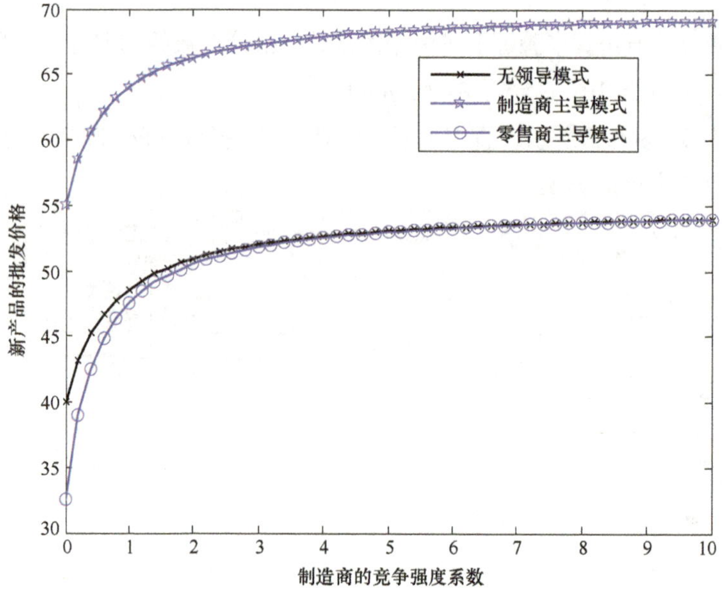


图 6.6　制造商竞争偏好行为对不同主导模式下批发价格的影响

首先是新产品的零售价格（见图 6.4）. 容易发现，在无领导模式和制造商主导模式下，新产品的零售价格随着制造商竞争偏好强度的增强而增大；在集中决策模式和零售商主导模式下，新产品的零售价格不受制造商竞争偏好行为的影响. 可见，集中决策模式和零售商主导模式能够避免制造商竞争偏好对正向供应链的不利影响. 不同主导模式下新产品零售价格的关系是制造商主导模式高于零售商主导模式，零售商主导模式高于无领导模式，无领导模式高于集中决策模式. 可见，对消费者来说，制造商主导模式最差、集中决策模式最优.

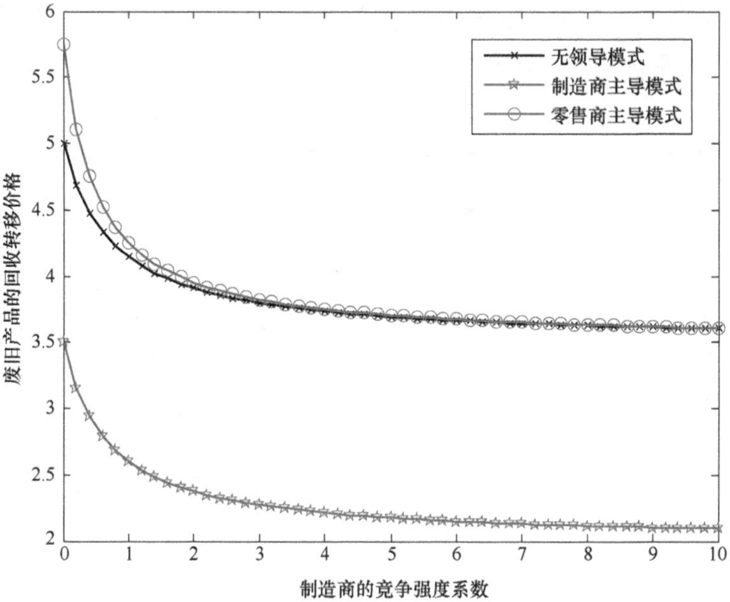


图 6.7 制造商竞争偏好行为对不同主导模式下回收转移价格的影响

其次是废旧产品的回收价格（见图 6.5）. 容易发现，在无领导模式和制造商主导模式下，废旧产品的回收价格随着制造商竞争偏好强度的增强而减小；在集中决策模式和零售商主导模式下，废旧产品的回收价格不受制造商竞争偏好行为的影响. 可见，集中决策模式和零售商主导模式能够避免制造商竞争偏好对逆向供应链的不利影响. 不同主导模式下废旧产品回收价格的关系是制造商主导模式低于零售商主导模式，零售商主导模式低于无领导模式，无领导模式低于集中决策模式. 可见，对资源环境来说，制造商主导模式最差、集中决策模式最优.

再次是新产品的批发价格（见图 6.6）. 容易发现，在分散决策的 3 种主导模式下，新产品的批发价格随着制造商竞争偏好强度的增强而增大. 可见，分散决策的 3 种主导模式都不能避免竞争偏好制造商对渠道利润的争夺. 不同主导模式下新产品批发价格的关系是制造商主导模式高于无领导模式，无领导模式高于零售商主导模式. 可见，制造商主导模式加剧了竞争偏好制造商对渠道利润的争夺，零售商主导模式能够减弱竞争偏好制造商对正向渠道利润的争夺.

最后是废旧产品的回收转移价格（见图 6.7）. 容易发现，在分散决策的 3 种主导模式下，废旧产品的回收转移价格随着制造商竞争偏好强度的增强而减小. 可见，分散模式不能避免制造商对渠道利润的争夺. 不同主导模式下废旧产品的回收转移价格的关系是制造商主导模式低于无领导模式，无领导模式低于零售商主导模式. 可见，零售商主导模式能够减弱竞争偏好制造商对逆向渠道利润的争夺.

如图6.8~图6.11所示，直观展示了制造商的竞争偏好行为对不同主导模式下各方利润和系统绩效的影响.

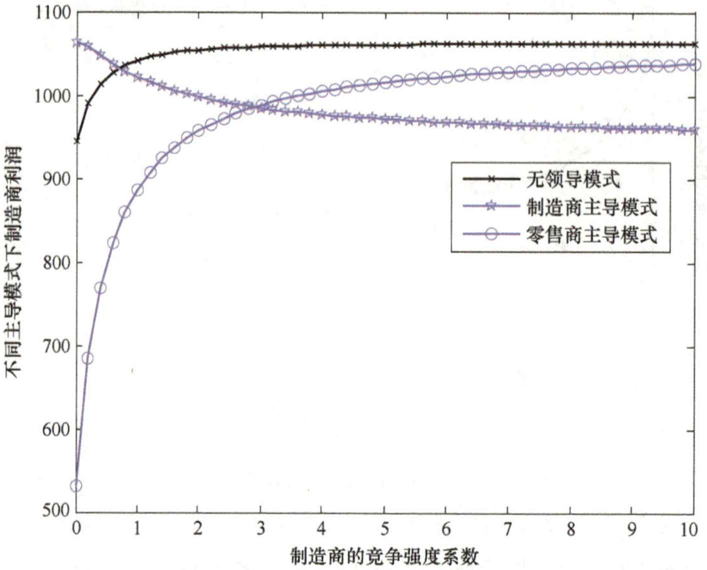


图6.8　不同主导模式下制造商利润

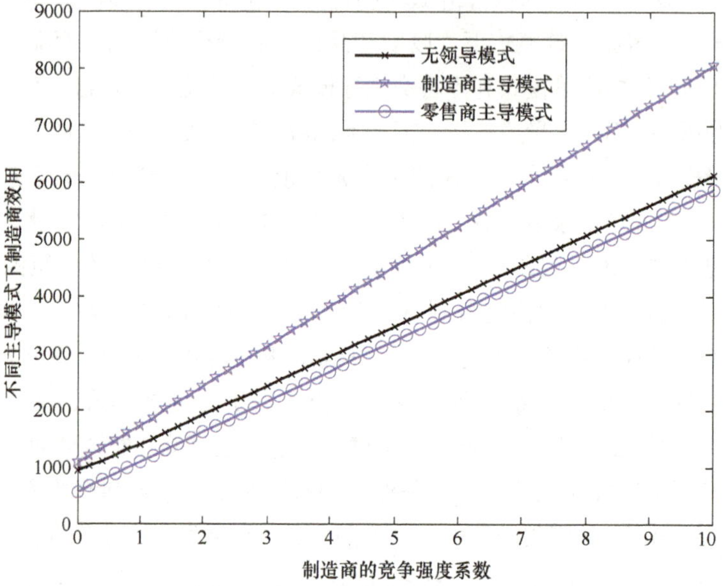


图6.9　不同主导模式下制造商效用

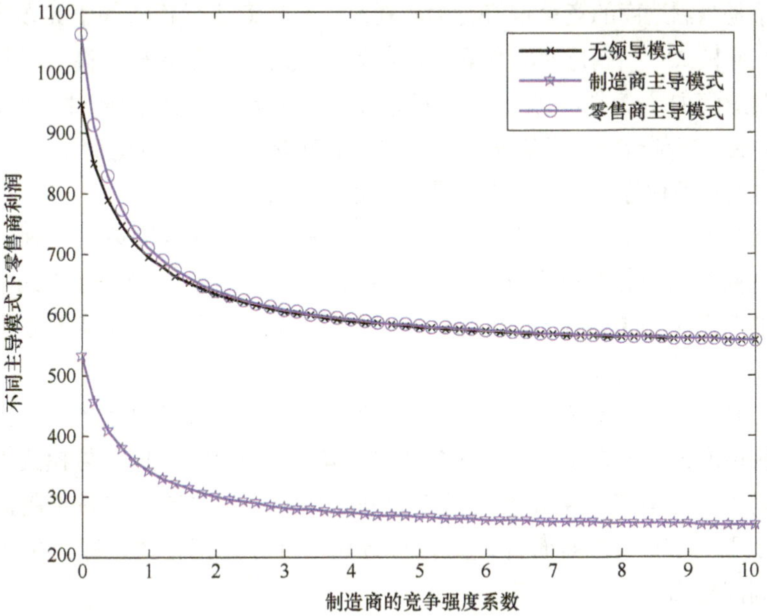


图 6.10　不同主导模式下零售商利润

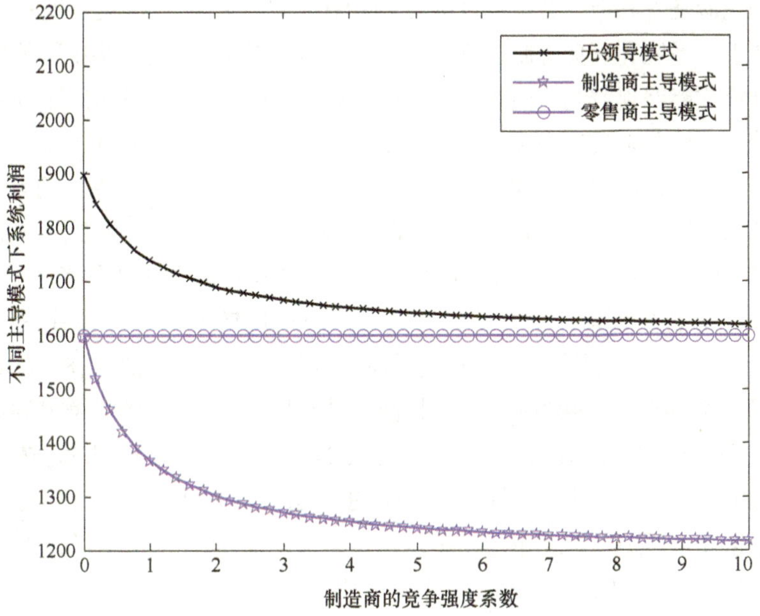


图 6.11　不同主导模式下系统利润

首先是制造商的利润（见图 6.8）. 容易发现，在无领导模式和零售商主导模式下，制造商利润随着制造商竞争偏好强度的增强而增大；在制造商主导模式下，制造商的利润随着制造商竞争偏好强度的增强而减小. 不同主导模式下，制造商利润的关系是当制造商的竞争偏好行为较弱时，制造商主导模式高于无领导模式和零售商主导模式；当制造商的竞争偏好行为较强时，无领导模式高于零售商主导模式和制造商主导模式. 可见，对于制造商利润而言，制造商主导对其并不总是优的. 具体地，当制造商的竞争偏好强度在一定范围以内时，制造商主导模式最优；当制造商的竞争偏好强度超过此范围时，无领导模式最优.

其次是制造商的效用（见图 6.9）. 容易发现，在分散决策的 3 种主导模式下，制造商效用随着制造商竞争偏好强度的增强而增大. 不同主导模式下，制造商效用的关系是制造商主导模式高于无领导模式，无领导模式高于零售商主导模式. 可见，对于制造商效用而言，总是制造商主导模式最优.

再次是零售商的利润（见图 6.10）. 容易发现，在分散决策的 3 种主导模式下，零售商利润随着制造商竞争偏好强度的增强而减少. 不同主导模式下，零售商利润的关系是零售商主导模式高于无领导模式，无领导模式高于制造商主导模式. 可见，对于零售商而言，其利润与其相对势力正相关，即其主导力量越强，其利润越高.

最后是系统的利润（见图 6.11）. 容易发现，在无领导模式和制造商主导模式下，系统利润随着制造商竞争偏好强度的增强而减少；在集中决策模式和零售商主导模式下，系统利润免受制造商竞争偏好行为的影响. 可见，集中决策模式和零售商主导模式能够规避制造商竞争偏好行为对系统绩效的不利影响. 不同主导模式下，系统利润的关系是集中决策高于分散决策，分散决策下无领导模式高于零售商主导模式，零售商主导模式高于制造商主导模式. 可见，对于系统而言，集中决策模式最优、其次是无领导模式、然后是零售商主导模式、最次是制造商主导模式. 再次表明，具有竞争偏好行为的制造商不适合作为闭环供应链的主导者.

综上，对制造商具有竞争偏好行为的闭环供应链不同主导模式的分析，得出的主要结论如下：制造商主导模式对消费者和资源环境保护不利. 当闭环供应链的主导权由具有竞争偏好行为的制造商掌控时，其将大肆攫取渠道利润. 对于具有竞争偏好行为的制造商而言，获得主导权对其并不总是有利的. 具有竞争偏好行为的制造商不适合作为闭环供应链的主导者. 以上讨论了制造商的竞争偏好行为对不同主导模式下闭环供应链的影响. 若零售商具有竞争偏好行为，能够得出类似的结论，文中不再赘述.

## 6.6 本章小结

本章在回收定价的背景下对制造商具有竞争偏好行为的闭环供应链回收渠

道选择问题进行研究. 通过数学模型的建立和对模型结果的分析，探究了制造商的竞争偏好对闭环供应链的定价决策和效率的影响以及制造商竞争偏好行为下闭环供应链协调机制的设计. 本章得出的重要结论，具体总结如下：

（1）制造商的竞争偏好会对闭环供应链的定价决策产生重要影响. 在制造商回收、零售商回收和第三方回收 3 种渠道中，随着制造商竞争偏好强度的增强，批发价格提高，零售价格也提高. 并且，制造商的竞争偏好行为在 3 种回收渠道中的影响是相同的.

（2）制造商的竞争偏好会对闭环供应链渠道利润的分配产生重要影响. 制造商的竞争偏好行为会对零售商的利润和系统绩效产生不良影响，随着制造商竞争偏好强度的增强，零售商的利润和系统的利润均减少；有趣的是，竞争偏好行为并不能总给制造商带来好处，当制造商的竞争偏好强度过强时，制造商的利润反而会随着其竞争偏好强度的增强而减少；制造商应采取适当的竞争偏好策略以获取更多的渠道利润.

（3）制造商的竞争偏好没有改变零售商主导的闭环供应链最有效的回收渠道. 在零售商主导且制造商具有竞争偏好行为的闭环供应链中，最有效的回收渠道是制造商回收渠道，与竞争中性情形下的结论一致.

（4）二部制契约能够实现制造商竞争偏好且零售商主导的闭环供应链的协调，并使得系统效率达到集中决策的最优水平. 研究发现，协调契约是零售商应对制造商竞争偏好行为的有效手段；处于主导地位的零售商能够通过契约参数的调整来制约制造商的竞争偏好行为，减弱其对渠道利润的争夺以及对零售商利润的不利影响.

（5）拓展分析发现，具有竞争偏好行为的决策主体不适合作为闭环供应链的主导者. 当闭环供应链的主导权由具有竞争偏好行为的决策者掌控时，其将大肆攫取渠道利润，同时对消费者和资源环境保护不利. 对于具有竞争偏好行为的决策者而言，获得主导权对其并不总是有利的. 因此，具有竞争偏好行为的决策者不适合作为闭环供应链的主导者.

# 第7章 结论与展望

废旧产品引发的生态环境污染引发全球关注，依据相关法律法规要求企业对废旧产品进行回收再制造．实施闭环供应链管理已经成为发展循环经济、解决企业发展瓶颈的一条重要路径．回收渠道选择作为闭环供应链管理的重要组成部分，已经得到国内外学者的重点关注．本书在分析和总结国内外研究成果的基础上，在回收定价的背景之下对闭环供应链回收渠道选择问题进行了深入的研究．纵观全文的工作，主要成果总结如下：

（1）在回收定价背景下，对制造商主导且无竞争偏好的闭环供应链回收渠道选择问题进行研究．研究结果表明，不同于回收价格为固定常数背景下的最优回收渠道，在回收定价的背景下制造商回收渠道最有效；二部制契约能够实现回收定价背景下制造商主导的闭环供应链的协调，使得系统效率达到集中决策时的最优水平．

（2）在回收定价背景下，对零售商主导且无竞争偏好的闭环供应链回收渠道选择问题进行研究．研究结果表明，在回收定价的背景下，鉴于制造商在闭环供应链中的重要作用，无论闭环供应链由制造商主导还是零售商主导，制造商回收渠道都是最好的选择；对于闭环供应链系统而言，回收渠道结构比主导模式更重要；对于制造商和零售商而言，面对次优选择，即不能同时获得回收权和主导权时对回收权力和主导权力的权衡取决于正向渠道和逆向渠道利润之比；二部制契约能够实现回收定价背景下零售商主导的闭环供应链的协调，使得系统效率达到集中决策时的最优水平．

（3）在回收定价背景下，对制造商主导且零售商具有竞争偏好行为时，闭环供应链回收渠道选择问题进行了研究．研究结果表明，零售商的竞争偏好行为会对不同回收渠道结构下闭环系统的定价决策和利润分配产生重要影响；零售商的竞争偏好行为不容忽视；具有竞争偏好行为的零售商在渠道利润分配中

“得寸进尺”，尤其是在零售商回收渠道中零售商甚至会剥夺制造商的“领导地位优势”；零售商的竞争偏好行为没有改变闭环供应链最有效的回收渠道；收入-费用共享契约能够实现零售商具有竞争偏好行为的闭环供应链的协调，使得系统的效率达到集中决策的最优水平，但协调契约并不能消除零售商竞争偏好行为对制造商利润的影响和对渠道利润的争夺；契约协调下制造商回收渠道的选择取决于零售商的竞争偏好程度以及正逆向渠道利润的比率.

（4）在回收定价背景下，对零售商主导且制造商具有竞争偏好行为的闭环供应链回收渠道选择问题进行了研究. 研究结果表明，制造商竞争偏好会对闭环供应链的定价决策产生重要影响，并且在 3 种回收渠道结构中的影响是相同的；制造商的竞争偏好行为会对零售商的利润和系统绩效产生不良影响，随着制造商竞争偏好强度的增强，零售商的利润和系统的利润均会减少；有趣的是，竞争偏好行为并不能总给制造商带来好处，当制造商的竞争偏好强度过强时，制造商的利润反而会随着其竞争偏好强度的增强而减少；制造商应采取适当的竞争偏好策略以获取更多的渠道利润；制造商的竞争偏好行为没有改变零售商主导的闭环供应链最有效的回收渠道；二部制契约能够实现制造商竞争偏好且零售商主导的闭环供应链的协调，并使得系统效率达到集中决策的最优水平；协调契约是零售商应对制造商竞争偏好行为的有效手段，处于主导地位的零售商能够通过契约参数的调整来制约制造商的竞争偏好行为对渠道利润的争夺以及对零售商利润的不利影响.

（5）对制造商具有竞争偏好行为时闭环供应链的不同主导模式进行了拓展研究，拓展分析发现，具有竞争偏好行为的决策主体不适合作为闭环供应链的主导者. 当闭环供应链的主导权由具有竞争偏好行为的决策者掌控时，其将大肆攫取渠道利润，同时对消费者和资源环境保护不利；对于具有竞争偏好行为的决策者而言，获得主导权对其并不总是有利的.

尽管本书的研究取得了一定的阶段性成果，但仍存在有待改进的地方，同时也将继续成为未来研究工作的方向. 一是，本书在回收定价的背景下展开闭环供应链回收渠道选择的研究，并没有考虑到废旧产品回收过程中的不确定性问题. 因此，在回收不确定的背景下研究闭环供应链回收渠道的选择将是未来一个重要的研究方向. 二是，本书仅考虑了单方成员的竞争偏好对闭环供应链的影响，而供应链多个成员在合作过程可能同时具有竞争偏好行为. 在未来的研究中同时考虑制造商、零售商以及第三方的竞争偏好行为将更加具有挑战性.

# 参考文献


[1] WANG Z, ZHANG B, YIN J, et al. Willingness and behavior towards e-waste recycling for residents in Beijing city, China [J]. Journal of Cleaner Production, 2011, 19 (9): 977-984.

[2] FENG L, GOVINDAN K, LI C. Strategic planning: design and coordination for dual-recycling channel reverse supply chain considering consumer behavior [J]. European Journal of Operational Research, 2017, 260 (2): 601-602.

[3] TOYASAKI F, BOYACı T, VERTER V. An analysis of monopolistic and competitive take-back schemes for WEEE recycling [J]. Production and Operations Management, 2011, 20 (6): 805-823.

[4] WANG W, ZHANG Y, ZHANG K, et al. Reward-penalty mechanism for closed-loop supply chains under responsibility-sharing and different power structures [J]. International Journal of Production Economics, 2015, 170: 178-190.

[5] DANIEL V, GUIDE R. The evolution of closed-loop supply chain research [J]. Operations Research, 2009, 57 (1): 10-18.

[6] ATASU A, GUIDE JR V D R, VAN WASSENHOVE L N. Product reuse economics in closed-loop supply chain research [J]. Production and Operations Management, 2010, 17 (5): 483-496.

[7] HUANG M, SONG M, LEE L H, et al. Analysis for strategy of closed-loop supply chain with dual recycling channel [J]. International Journal of Production Economics, 2013, 144 (2): 510-520.

[8] KERR W, RYAN C. Eco-efficiency gains from remanufacturing: a case study of photocopier remanufacturing at Fuji Xerox Australia [J]. Journal of Cleaner Production, 2001, 9 (1): 75-81.

[9] GUIDE JR V D R., SOUZA G C, VAN WASSENHOVE L N, et al. Time value of commercial product returns [J]. Management Science, 2006, 52 (8): 1200-1214.

[10] CHUANG C H, WANG C X, ZHAO Y. Closed-loop supply chain models for a high-tech product under alternative reverse channel and collection cost structures [J]. International Journal of Production Economics, 2014, 156 (5): 108-123.

[11] SAVASKAN R C, BHATTACHARYA S, VAN WASSENHOVE L N. Closed-loop supply chain models with product remanufacturing [J]. Management Science, 2004, 50 (2): 239-252.

[12] CHARNESS G, RABIN M. Understanding social preferences with simple tests [J]. Quarterly Journal of Economics, 2002, 117 (3): 817-869.

[13] FERRER G, SWAMINATHAN J M. Managing new and remanufactured products [J]. Management Science, 2006, 52 (1): 15-26.

[14] FALK A, FISCHBACHER U. A theory of reciprocity [J]. Social Science Electronic Publishing, 2006, 54 (2): 293-315.

[15] LOCH C H, WU Y. Social preferences and supply chain performance: an experimental study [J]. Management Science, 2008, 54 (11): 1835-1849.

[16] 杨华. 闭环供应链的契约协调机制研究 [D]. 长春：吉林大学，2009.

[17] 袁小妮. 不同渠道权力结构下混合回收的闭环供应链绩效分析 [D]. 青岛：青岛大学，2018.

[18] BOLTON G E, OCKENFELS A. ERC: a theory of equity, reciprocity, and competition [J]. American Economic Review, 2000, 90 (1): 166-193.

[19] FEHR E, SCHMIDT, K M. A theory of fairness, competition, and cooperation [J]. The Quarterly Journal of Economics, 1999 (114): 817-868.

[20] CUI T H, RAJU J S, ZHANG Z J. Fairness and channel coordination [J]. Management Science, 2007, 53 (8): 1303-1314.

[21] 宋敏. 闭环供应链回收策略优化问题研究 [D]. 沈阳：东北大学，2013.

[22] FERRER G, SWAMINATHAN J M. Managing new and differentiated remanufactured products [J]. European Journal of Operational Research, 2010, 203 (2): 370-379.

[23] DEBO L G, TOKTAY L B, VAN WASSENHOVE L N. Joint life-cycle dynamics of new and remanufactured products [J]. Production and Operations Management, 2006, 15 (4): 498-513.

[24] 高攀，王旭，景熠，等. 零售商从事产品翻新的闭环供应链差异定价策略 [J]. 计算机集成制造系统，2014，20 (11): 2869-2881.

[25] 黄少辉，袁开福，何波，等. 考虑废旧品质量的混合回收渠道下闭环供应链定价研究 [J]. 数学的实践与认识，2019，49 (1): 15-23.

[26] 郑本荣，杨超，杨珺. 专利保护下双渠道闭环供应链的定价与协调决策 [J]. 系统工程学报，2017 (1): 103-113.

[27] 朱晓东，吴冰冰，王哲. 双渠道回收成本差异下的闭环供应链定价策略与协调机制 [J]. 中国管理科学，2017 (12): 188-197.

[28] HE P, HE Y, XU H. Channel structure and pricing in a dual-channel closed-loop supply chain with government subsidy [J]. International Journal of Production Economics, 2019, 213: 108-123.

[29] 刘光富，刘文侠. 双渠道再制造闭环供应链差异定价策略 [J]. 管理学报，2017 (4): 625-631.

[30] 李新然，吴义彪. 政府“以旧换再”补贴下的差别定价闭环供应链 [J]. 系统工程理论与实践，2015，35 (8): 1983-1995.

[31] 陈全朋，张子健，郭明波. 电子商务环境下电子产品闭环供应链回收定价机制研究

[J]. 数学的实践与认识，2018，48（17）：98-106.

[32] 冯章伟，肖条军，柴彩春. 第三方回收商领导型两级闭环供应链的回收与定价策略[J]. 中国管理科学，2018，26（1）：118-128.

[33] 王道平，张博卿，王路. 考虑随机回收量的闭环供应链碳减排与定价策略研究[J]. 软科学，2017，31（8）：86-91.

[34] 高举红，滕金辉，侯丽婷，等. 需求不确定下考虑竞争的闭环供应链定价研究[J]. 系统工程学报，2017，32（1）：78-88.

[35] HE Y. Acquision pricing and remanufactering decisions in a closed-loop supply chain [J]. International Journal of Production Economics，2015，163（1）：48-60.

[36] 程发新，马方星，邵汉青. 回收补贴下废旧产品质量不确定的闭环供应链定价决策及协调[J]. 软科学，2018（7）：139-144.

[37] 孟丽君，张宝友，黄祖庆. 基于回收风险的闭环供应链回收与定价策略研究[J]. 数学的实践与认识，2019，49（12）：36-48.

[38] SONG M，HUANG M，CHING W. Pricing strategy of closed-loop supply chain with remanufacturing in fuzzy environment [C]//Chinese Control and Decision Conference，2011，5（23）：3828-3832.

[39] SANG S. Price competition of manufacturers in supply chain under a fuzzy decision environment [J]. Fuzzy Optimization and Decision Making，2015，14（3）：335-363.

[40] HUANG Y，WANG Z. Pricing and production decisions in a closed-loop supply chain considering strategic consumers and technology licensing [J]. International Journal of Production Research，2018，1（18）：1-20.

[41] 高举红，李梦梦，霍帧. 市场细分下考虑消费者支付意愿差异的闭环供应链定价决策[J]. 系统工程理论与实践，2018，8（12）：3071-3079.

[42] 郭军华. WTP 差异化条件下再制造闭环供应链的协调定价策略[J]. 华东交通大学学报，2012，29（1）：121-126.

[43] 邢光军，李云云，巩永华. 考虑消费者绿色偏好的闭环供应链定价决策研究[J]. 数学的实践与认识，2019，49（1）：50-60.

[44] 许茂增，唐飞. 考虑消费者偏好的闭环供应链差别定价模型[J]. 计算机集成制造系统，20（4）：945-955.

[45] 赵静，肖亚倩. 不同渠道偏好和运营成本下双渠道闭环供应链定价决策研究[J]. 运筹与管理，2018，27（12）：112-118.

[46] 曹晓刚，郑本荣，闻卉. 考虑顾客偏好的双渠道闭环供应链定价与协调决策[J]. 中国管理科学，2015，23（6）：107-117.

[47] 张桂涛，胡劲松，王磊. 考虑消费者渠道偏好的多期闭环供应链网络均衡[J]. 系统工程理论与实践，2016（2）：347-362.

［48］张克勇，吴燕，侯世旺. 零售商公平关切下闭环供应链定价策略研究［J］. 山东大学学报（理学版），2013，48（5）：83-91.

［49］张克勇，吴燕，侯世旺. 讨价还价公平关切下闭环供应链差别定价策略［J］. 工业工程，2013，16（6）：95-100.

［50］张克勇，吴燕，侯世旺. 具公平关切零售商的闭环供应链差别定价策略研究［J］. 中国管理科学，2014，22（3）：51-58.

［51］张克勇，周国华. 零售商竞争环境下闭环供应链定价策略分析［J］. 运筹与管理，2008，17（6）：44-49.

［52］吴燕，张克勇，王建明. Nash 讨价还价公平关切框架下闭环供应链定价机制研究［J］. 数学的实践与认识，2013，43（21）：35-46.

［53］张成堂. 双渠道回收下闭环供应链的定价与协调策略［J］. 计算机集成制造系统，2013，19（7）：1676-1683.

［54］高鹏，聂佳佳. 制造商公平关切下的闭环供应链专利授权经营策略［J］. 软科学，2014（11）：67-71.

［55］丁雪峰，魏芳芳，但斌. 零售商公平关切下闭环供应链定价与协调机制［J］. 计算机集成制造系统，2014，20（6）：1471-1481.

［56］陈章跃，王勇，陈晓旭. 制造商双向公平关切下闭环供应链的竞争分析［J］. 管理学报，2016，13（5）：772-780.

［57］唐飞，许茂增. 零售商公平关切下双渠道闭环供应链的协调［J］. 数学的实践与认识，2016，46（8）：63-73.

［58］唐飞，许茂增. 基于公平偏好的双渠道闭环供应链定价决策［J］. 系统工程，2017（04）：114-119.

［59］刘志，李帮义，龚本刚，等. 再制造商公平关切下闭环供应链生产设计决策与协调［J］. 控制与决策，2016，31（9）：1615-1622.

［60］姚锋敏，滕春贤. 公平关切下第三方回收闭环供应链决策模型［J］. 中国管理科学，2016（24）：577-583.

［61］姚锋敏，滕春贤. 公平关切下零售商主导的闭环供应链决策模型［J］. 控制与决策，2017，32（1）：117-123.

［62］姚锋敏，滕春贤. 公平关切下的两零售商竞争闭环供应链决策模型［J］. 计算机集成制造系统，2017，23（8）：1731-1738.

［63］王玉燕，李璟. 公平关切下基于网络平台销售、回收的 E-闭环供应链的主导模式研究［J］. 中国管理科学，2018，26（1）：139-151.

［64］邹清明，叶广宇. 考虑公平关切的双向双渠道闭环供应链的定价决策［J］. 系统管理学报，2018（2）：281-290.

［65］陈宇科，熊龙，董景荣. 基于均值-CVaR 的闭环供应链协调机制［J］. 中国管理科学，

2017，25（2）：68-77.

[66] 张克勇. 互惠偏好下的闭环供应链系统定价决策分析［J］. 控制与决策，2015（9）：1717-1722.

[67] 赵琳，张克勇，张瑞珍. 互惠利他偏好下的闭环供应链定价策略［J］. 数学的实践与认识，2015，45（21）：50-59.

[68] 郑本荣，杨超，杨珺. CSR投入对闭环供应链定价与协调决策的影响［J］. 中国管理科学，2018（10）：64-79.

[69] 高举红，韩红帅，侯丽婷. 考虑社会责任的闭环供应链决策与协调［J］. 计算机集成制造系统，2014，20（6）：1453-1461.

[70] 刘亮，李斧头. 零售商视角下的双边社会责任闭环供应链最优决策与协调研究［J］. 工业工程与管理，2018，23（6）：173-181.

[71] 周珺，徐章一. 考虑风险规避和渠道偏好的供应链定价研究［J］. 武汉理工大学学报（信息与管理工程版），2020，42（217）：123-127.

[72] MAJUMDER P，SRINIVASAN A. Leadership and competition in network supply chains［J］. Management Science，54（6）：1189-1204.

[73] CHOI T M，LI Y，XU L. Channel leadership，performance and coordination in closed loop supply chains［J］. International Journal of Production Economics，2013，146（1）：371-380.

[74] MCGUIRE T W，STAELIN R. An industry equilibrium analysis of downstream vertical integration［J］. Marketing Science，1983，2（2）：161-190.

[75] JEULAND A P，SHUGAN S M. Managing channel profits［J］. Marketing Science，1983，2（3）：239-272.

[76] WANG W，ZHANG Y，ZHANG K，et al. Reward-penalty mechanism for closed-loop supply chains under responsibility-sharing and different power structures［J］. International Journal of Production Economics，2015，170：178-190.

[77] 张福安，达庆利，孙浩. 零售商主导的闭环供应链效益分析［J］. 软科学，2011，25（6）：45-48.

[78] 张雅琪，陈菊红，高文军. 闭环供应链中零售商主导的两阶段系统定价决策模型［J］. 统计与决策，2012，（19）：66-69.

[79] 余福茂，徐玉军. 零售商主导闭环供应链的奖惩机制研究［J］. 中国管理科学，2014（S1）：491-495.

[80] 高举红，韩红帅，侯丽婷. 考虑产品绿色度和销售努力的零售商主导型闭环供应链决策研究［J］. 管理评论，2015，27（4）：187-196.

[81] 姚锋敏，徐素波，滕春贤. 双回收渠道下零售商主导闭环供应链决策模型［J］. 计算机集成制造系统，2016，22（9）：2195-2203.

[82] 易余胤. 不同主导力量下的闭环供应链模型［J］. 系统管理学报，2010，19（4）：

389-396.

[83] 王文宾，达庆利，聂锐. 考虑渠道权力结构的闭环供应链定价与协调［J］. 中国管理科学，2011，19（5）：29-36.

[84] 李明芳，薛景梅. 不同渠道权力结构下制造商回收闭环供应链绩效分析［J］. 控制与决策，2016，31（11）：2095-2100.

[85] 吴志丹，黄敏. 不同主导模式下零售商回收的闭环供应链绩效与协调［J］. 科技管理研究，2018（20）：228-236.

[86] 闻卉，郑本荣，曹晓刚，等. 不同渠道权力结构下的双渠道闭环供应链定价与协调决策［J］. 运筹与管理，2020，29（6）：65-75.

[87] 王竟竟，许民利. 不同权力结构和联盟策略下风险规避型闭环供应链决策［J］. 中国管理科学，2021（9）：111-122.

[88] FERGUSON M，GUIDE JR V D R，SOUZA G C. Supply chain coordination for false failure returns［J］. Manufacturing and Service Operations Management，2006，8（4）：376-393.

[89] GOVINDAN K，POPIUC M N. Reverse supply chain coordination by revenue sharing contract：a case for the personal computers industry［J］. European Journal of Operational Research，2014，233（2）：326-336.

[90] ZENG A Z. Coordination mechanisms for a three-stage reverse supply chain to increase profitable returns［J］. Naval Research Logistics，2013，60（1）：31-45.

[91] DE GIOVANNI P. Environmental collaboration in a closed-loop supply chain with a reverse revenue sharing contract［J］. Annals of Operations Research，2014，220（1）：135-157.

[92] 孙浩，达庆利. 基于产品差异的再制造闭环供应链定价与协调研究［J］. 管理学报，2010，7（5）：733-738.

[93] 包晓英，唐志英，唐小我. 基于回收再制造的闭环供应链差异定价策略及协调［J］. 系统管理学报，2010，19（5）：546-552.

[94] 刘家国，周学龙，赵金楼. 基于产品质量差异的闭环供应链定价策略与协调研究［J］. 中国管理科学，2013（S2）：426-431.

[95] 霍艳芳，原泉，刘凯. 闭环供应链差异定价策略及协调机制［J］. 系统工程，2014，32（9）：101-107.

[96] 许茂增，唐飞. 考虑消费者偏好的闭环供应链差别定价模型［J］. 计算机集成制造系统，2014，20（4）：945-954.

[97] CHEN J，ZHANG H，SUN Y. Implementing coordination contracts in a manufacturer Stackelberg dual-channel supply chain［J］. Omega，2012，40（5）：571-580.

[98] CAO E B，MA Y J，WAN C，et al. Contracting with asymmetric cost information in a dual-channel supply chain［J］. Operations Research Letters，2013，41（4）：410-414.

[99] CAI G. Channel selection and coordination in dual-channel supply chains［J］. Journal of Re-

tailing, 2010, 86 (1): 22-36.

[100] XU G Y, DAN B, ZHANG X M, et al. Coordinating a dual-channel supply chain with risk-averse under a two-way revenue sharing contract [J]. International Journal of Production Economics, 2014, 147 (Part A): 171-179.

[101] 易余胤，袁江. 基于混合回收的闭环供应链协调定价模型 [J]. 管理评论，2011，23 (11)：169-176.

[102] 张成堂，杨善林. 双渠道回收下闭环供应链的定价与协调策略 [J]. 计算机集成制造系统，2013，19 (7)：1676-1683.

[103] 于春海，李想. 闭环供应链双渠道回收系统定价机制与协调策略 [J]. 东北大学学报（自然科学版），2014，35 (9)：1360-1363.

[104] 梁喜，马春梅. 不同混合回收模式下闭环供应链决策研究 [J]. 工业工程与管理，2015，20 (4)：54-60.

[105] 张汉江，甘兴，赖明勇. 最优价格与回收努力激励的闭环供应链协调 [J]. 系统工程学报，2015，30 (2)：201-209.

[106] KANNAN D. Reverse logistics and closed-loop supply chain: a comprehensive review to explore the future [J]. European Journal of Operational Research, 2015, 240 (3): 603-626.

[107] 张克勇，周国华. 非对称信息下闭环供应链差别定价协调机制 [J]. 山东大学学报（理学版），2009，44 (2)：60-72.

[108] 陈艳，谢亚雯，宋乃绪，等. 基于委托代理的闭环供应链风险分担契约协调研究 [J]. 系统科学学报，2019，27 (3)：73-79.

[109] ZHU X, WANG J, TANG J. Recycling pricing and coordination of WEEE dual-channel closed-loop supply chain considering consumers' bargaining [J]. International Journal of Environmental Research and Public Health, 2017, 14 (12): 1578-1595.

[110] 姚锋敏，闫颍洛，滕春贤. 考虑 CSR 行为意识的闭环供应链运作与协调 [J]. 中国管理科学，2022 (11)：52-63.

[111] 李新然，李刚. 考虑企业社会责任承担的两阶段闭环供应链协调机制研究 [J]. 中国管理科学，2020 (12)：77-86.

[112] 梁喜，魏承莉. 考虑社会责任的绿色双渠道供应链决策 [J]. 控制工程，2021 (9)：1797-1806.

[113] SAVASKAN R C, VAN WASSENHOVE L N. Reverse channel design: the case of competing retailers [J]. Management Science, 2006, 52 (1): 1-14.

[114] ATASU A, TOKTAY L B, VAN WASSENHOVE L N V. How collection cost structure drives a manufacturer's reverse channel choice [J]. Production and Operations Management, 2013, 22 (5): 1089-1102.

[115] HAN X, WU H, YANG Q, et al. Collection channel and production decisions in a closed-

loop supply chain with remanufacturing cost disruption [J]. International Journal of Production Research, 2017, 55 (4): 1147-1167.

[116] 王发鸿，达庆利. 电子行业再制造逆向物流模式选择决策分析 [J]. 中国管理科学，2006, 14 (6): 44-49.

[117] 樊松，张敏洪. 闭环供应链中回收价格变化的回收渠道选择问题 [J]. 中国科学院大学学报，2008, 25 (2): 151-160.

[118] DE GIOVANNI P, ZACCOUR G. A two-period game of a closed-loop supply chain [J]. European Journal of Operational Research, 2014, 232 (1): 22-40.

[119] 曹柬，杨晓丽，吴思思，等. 考虑再制造成本的闭环供应链回收渠道决策 [J]. 工业工程与管理，2020, 25 (1): 152-162.

[120] 卢荣花，李南. 电子产品闭环供应链回收渠道选择研究 [J]. 系统工程理论与实践，2016, 36 (7): 1687-1695.

[121] 公彦德. 主导模式和回收方式最优组合与供应链稳定性 [J]. 系统工程学报，2014, 29 (1): 85-95.

[122] 陈章跃，王勇，王义利. 考虑产品模块化设计的闭环供应链回收模式选择 [J]. 系统管理学报，2020, 29 (5): 1003-1011.

[123] HONG X, WANG Z, WANG D, et al. Decision models of closed-loop supply chain with remanufacturing under hybrid dual-channel collection [J]. International Journal of Advanced Manufacturing Technology, 2013, 68 (5): 1851-1865.

[124] MA W M, ZHAO Z, KE H. Dual-channel closed-loop supply chain with government consumption-subsidy [J]. European Journal of Operational Research, 2013, 226 (2): 221-227.

[125] LIU H, LEI M, DENG H, et al. A dual channel, quality-based price competition model for the WEEE recycling market with government subsidy [J]. Omega, 2015 (59): 290-302.

[126] TALEIZADEH A A, MOSHTAGH M S. Moon I. Pricing, product quality, and collection optimization in a decentralized closed-loop supply chain with different channel structures: game theoretical approach [J]. Journal of Cleaner Production, 2018, 189 (10): 406-431.

[127] 姚锋敏，徐素波，滕春贤. 双回收渠道下零售商主导闭环供应链决策模型 [J]. 计算机集成制造系统，2016, 22 (9): 2195-2203.

[128] 倪明，张族华，郭军华，等. 不确定需求条件下双渠道回收闭环供应链回收模式比较 [J]. 系统工程，2017, 35 (2): 60-68.

[129] 公彦德. 闭环供应链混合回收模式定价及渠道选择研究 [J]. 软科学，2018, 32 (5): 127-144.

[130] HAN X. Reserse channel decision for the closed-loop supply chain with competing manufac-

turers and one dominant retailer [C]//IEEE International Conference on Intelligent Computing and Intelligent Systems, 2009.

[131] KARAKAYALI I, EMIR-FARINAS H, AKCALI E. An analysis of decentralized collection and processing of end-of-life products [J]. Journal of Operations Management, 2007, 25 (6): 1161-1183.

[132] TSAY A, AGRAWAL N. Channel dynamics under price and service competition [J]. Manufacturing and Service Operations Management, 2000, 2 (4): 93-110.

[133] YAO D, LIU J. Competitive pricing of mixed retail and e-tail distribution channels [J]. OMEGA-The International Journal of Management Science, 2005, 33 (3): 235-247.

[134] MUKHOPADHYAY S, YAO D, YUE X. Information sharing of value-adding retailer in a mixed channel hi-tech supply chain [J]. Journal of Business Research, 2006, 61 (9): 950-958.

[135] CACHON G, KOK A G. Competing manufacturers in a retail supply chain: on contractual form and coordination [J]. Management Science, 2010, 56 (3): 571-589.

[136] WU Z D, QIAN X H, HUANG M, et al. Channel leadership and recycling channel in closed-loop supply chain: the case of recycling price by the recycling party [J]. Journal of Industrial and Management Optimization, 2021, (17): 3247-3268.

[137] 吴志丹，黄敏. 制造商竞争偏好的闭环供应链绩效分析 [J]. 系统工程学报，2020，35 (1): 73-87.

[138] WU Z D, QIAN X H, HUANG M, et al. Recycling channel choice in closed-loop supply chains considering retailer competitive preference [J]. Enterprise Information Systems, 2021, (5): 1-26.

[139] WU Z D, QIAN X H, HUANG M, et al. Analysis of retailer's competitive preference in closed-loop supply chain under different recycling channels [J]. Asia-Pacific Journal of Operational Research, 2025.

[140] MESSINGER P R, NARASIMHAN C. Has power shifted in the grocery channel? [J]. Marketing Science, 1995, 14 (2): 189-223.

[141] ERTEK G, GRIFFIN P M. Supplier-and buyer-driven channels in a two-stage supply chain [J]. IIE Transactions, 2002, 34 (8): 691-700.